나의 부업일지

나의 부업일지

ⓒ N잡러햅삐, 2025

초판 1쇄 발행 2025년 9월 24일

지은이	N잡러햅삐
펴낸이	이기봉
편집	좋은땅 편집팀
펴낸곳	도서출판 좋은땅
주소	서울특별시 마포구 양화로12길 26 지월드빌딩 (서교동 395-7)
전화	02)374-8616~7
팩스	02)374-8614
이메일	gworldbook@naver.com
홈페이지	www.g-world.co.kr

ISBN 979-11-388-4710-0 (03810)

- 가격은 뒤표지에 있습니다.
- 이 책은 저작권법에 의하여 보호를 받는 저작물이므로 무단 전재와 복제를 금합니다.
- 파본은 구입하신 서점에서 교환해 드립니다.

나의 부업일지

N잡러햅삐 지음

어쩌다 청소를 시작했냐고요?
사람이 싫어서요.

본업과 두 개의 부업이 만든 머니 파이프라인,
그 과정을 버텨낸 단단한 멘탈의 기록을 담은 책.

좋은땅

프롤로그

사람이 싫어서 청소를 시작했다. 정말 그게 이유였다.
상처는 언제나 사람에게서 왔다.
잘해 준 만큼 돌아오지 않았고, 믿었던 사람일수록 더 깊게 나를 아프게 했다.

말 한마디, 표정 하나에 휘청이는 날들이 쌓여 갔다.
그래서 생각했다.
말을 섞지 않아도 되는 일이라면 좋겠다고. 눈을 마주치지 않아도 되는 공간이면 더 좋겠다고.
그렇게 사람을 피해 청소를 시작했다.
주말이면 청소 노동자가 되어 이곳저곳을 다녔고, 진짜 세상을 만났다. 낯선 현장에서, 낯선 사람들과, 낯선 일들을 반복했다. 김밥 하나에 울컥했던 날도 있었고, 남의 불행 앞에서 내 불행은 조금 작아 보이기도 했다.

사람을 피하려고 시작한 일이, 결국 '나'라는 사람의 인생을 바꿔 놓았다.

이 책은 7년간 부업을 하며 쓴 내 이야기다.

목차

프롤로그 — 4

1부 스물여섯, 돈이 없으면 창문도 사치다

창문 없는 방 — 10
착한 척했다고 욕을 먹었다 — 15
어쩌다 청소를 시작했냐고요? 사람이 싫어서요 — 20
청소, 부업이 되다 — 25

2부 천태만상 인간 세상

외국인 노동자 숙소에서 들고 온 숙제 — 30
이게 집이냐, 돼지우리냐 — 34
문틈으로 돈을 내미는 집 — 37
직업에도 귀천이 있다 — 41
나의 롤모델, 돈 많은 백수를 만났다 — 45
두 번째 부업 — 50
노동의 신성함을 모욕하다니 — 56
내 마음속 일류대학은 철도대입니다 — 60
가난도 결국 익숙해진다 — 64

3부 사람이 다시 좋아지기 시작했다

부업하길 참 잘했다 — 68
건물주 봉수부부 이야기 — 71
1층 더 낮아져서 제가 더 감사합니다 — 74
그 말 한마디가 집 한 채가 되었다 — 78
애증의 무풍에어컨 — 86
미운 사람, 벌은 세상이 준다 — 89

4부 돈은 조용히 모으는 것

첫 번째 1억 — 94
고정비는 정말 고정되어 있는 돈일까 — 101
버는 건 기술, 모으는 건 습관 — 106
두 번째 1억 — 112
기록이 곧 돈이다 — 116
앱테크에서 블로그까지, 돈의 흐름을 바꾸다 — 118
체험단, 부수입일까 아닐까? — 120
버티는 것도 능력이다 — 122
월급은 미래의 나에게 보내는 돈 — 125

에필로그 — 127

1부

스물여섯, 돈이 없으면 창문도 사치다

이 방엔 창문이 없다.
창문이 없으면 '빛'도 없다.

무지했지만 씩씩했고,
힘들었지만 파릇파릇한 20대였다.

창문 없는 방

대학을 졸업하자마자 무작정 수도권으로 올라왔다. 병원 기숙사와 고시원을 전전하다, 있는 돈 없는 돈 싹싹 긁어 방을 구했다. 자취를 해 본 사람이라면 알 것이다. 돈 걱정, 취업 걱정. 늘 비슷한 걱정을 한다는 것을. 월급 173만 원에서 매달 나가는 월세 30만 원, 관리비 3만 원, 적금 50만 원, 교통비 5만 원, 휴대폰 요금 5만 원, 보험료 5만 원, 용돈에 식비까지. 그중에선 늘 '식'이 가장 문제였다.

통장은 깨진 장독대처럼 줄줄 새기만 했지 어지간해서는 채워지지 않았다. 가족들과 살 때 '지겨워'라는 말을 입에 달고 살았던 나는, 집을 떠나고 나서야 알았다. 생필품은 뷔페 음식처럼 계속해서 채워지는 것이 아니었고, 지겨움은 복에 겨움의 다른 말이었음을. 치약부터 도어락 건전지까지 모든게 다 돈이었다. '내 돈'이었다. 그래서 자취가 힘들었냐고? 천만에.
 고시원 생활에 비하면 자취방은 4성급 호텔이 따로 없었다.

 고시원은 내게 최악의 환경이었지만, 주거에 대한 기준을 갖게 해준 첫 번째 공간이었다. 다니던 직장을 그만두면서 기숙사를 나와야 했고 친구에게 빌려준 돈을 받지 못해 월세방을 구할 수도 없었다. 돈이 없으니 선택지도 없었다. 우리 집은 부유하진 않았지만 없이 살지도 않았기에, 고시원은 드라마 속 장면에나 나오는 코딱지만 한 방 그 이상도 이하도 아니었다. 고시원에도 급이 있다는 사실은 죽을 때까지 모르고 싶었다.

 나이 지긋한 고시원 원장님은 돋보기 안경 너머로 나를 빤히 쳐다보며 물었다.
 "학생이에요?"
 "네."
 "성대생?"
 "네."
 "한 달? 아님 세 달?"
 "한 달이요."
 다 거짓말이었다. 한 달만 살 거라는 그 말까지도.

곧장 방을 보러 올라갔다. 방세는 27만 원, 30만 원, 34만 원. 주황색으로 '여성 전용'이라고 크게 써진 유리문을 밀고 들어갔다. 호텔처럼 긴 복도에 방들이 마주 보며 서 있었다. 원장님의 뒤를 졸졸 따라가다 302호 문 앞에 섰다. 방문이 열리자마자 말문이 막혔다. 정면엔 책상, 측면엔 침대, 캐비닛 옷장 밑엔 간이식 냉장고, 벽에 붙은 에어컨과 옷걸이까지. 코딱지만 한 방 크기에 속으론 놀랐지만 아닌 척, 태연한 척, 이미 다 안다는 듯이 설명에 고개를 끄덕였다. 보증금 없는 월 27만 원짜리 방. 내가 고향으로 내려가지 않기 위해 선택한 마지막 발악이었다.

고시원에 들어온 첫 날. 침대와 책상이 기역자 모양으로 겹쳐 있어, 책상 밑에 다리를 넣어야 두 다리를 쭉 뻗고 잘 수 있었다. 책상 밑에 머리를 넣고 자면 자동으로 암막 커튼이 되겠구나 했는데, 그건 참 멍청한 생각이었다. 그 방엔 '창문'이 없었다. 아파트 현관문 아래에 나 있던 우유 구멍만 한 창문도 30만 원짜리 방부터 있었다. 방을 고를 때 3만 원 아끼려다 창문 없는 방을 덥석 골랐던 내 자신이 살면서 그렇게 미련해 보일 수가 없었다.

창문이 없으면 낮인지 밤인지 시계를 보지 않고는 알 수가 없다. 오전 10시에 눈을 떠도, 여전히 한밤중 같다. 빛을 못 보면 우울해진다는 말이 왜 있는지 교도소 독방에는 왜 창문이 없는지를 저절로 깨달았다. 그 자체로 형벌이었다.

환기도 문제였다. 밥을 먹고 나면 음식 냄새가 빠지질 않았다. 날이 점점 더워지니 곰팡이 냄새도 나기 시작했다. 문을 열어 놓자니 이웃 나라 족속들에게 방을 구경시켜 주는 꼴이 되고 그야말로 치욕이었다.

봄에 들어왔는데, 어느새 여름이 되었다. 에어컨을 24시간 풀로 틀 수 있어서 좋다고 생각했는데, 그것도 잠시였다. 코앞에 붙은 에어컨은 나를 얼어 죽게 하려는 게 분명했다. 찬바람을 피해 이리저리 자세를 바꿔 봤지만, 내 몸은 피한다고 피해지는 몸이 아니었다. 끄면 덥고, 켜면 춥고. 온탕과 냉탕을 오가는 작은 고문실 같았다. 일주일쯤 지났나, 갑자기 에어컨에서 물이 샌다. 급한 대로 우유갑을 그 밑에 받쳐 두고 '똑… 똑… 똑…' 매일 밤 한 방울씩 떨어지는 물소리를 들으며 잠이 들었다. 어느 날은 물 떨어지는 소리가 나지 않아 불을 켰더니 온 바닥이 물이었다. 고시원은 그제서야 에어컨을 고쳐 주었다.

그곳의 샤워실은 공동 현관 입구에 있었다. 샤워실에서 나오는 순간 외출하고 들어오는 사람과 마주칠 수밖에 없었다. 어떤 날은 씻고 있으면 밖에서 누가 샤워실 문고리를 흔들기도 했다. 온몸에 소름이 돋았다.

필요한 물건은 점점 많아졌지만, 사지 않았다. 코앞에 다이소가 있었지만, 그릇도 수저도 늘 일회용을 사용했다. 두려웠다. 기어이 고시원 생활에 120% 적응해 버린 나를 마주하게 될까 봐.

그새 고시원에서 3개월이나 살아버린 나는, 갖고 있던 적금을 깼다. 다른 건 다 참아도 다리가 많은 친구들과는 같이 살 수 없었다. 근처에 보증금 500만 원에 월세 30만 원짜리 방을 구했다. 5층 꼭대기였다. 엘리베이터가 없는 게 단점이었지만, 리모델링된 깔끔한 화장실을 보는 순간 엘리베이터 따윈 금세 잊혀졌다. 이제 아침마다 쩌렁쩌렁 울리는 옆방 친구의 괴상한 모닝콜을 듣지 않아도 되고, 늦은 시간에도 머리를 말릴 수 있고 더 이상 머릿수 많은 이웃 나라 친구들의 눈치를 보지 않아도 됐다. 화구가 2개나 있는 가스레인지도 생겼으니 3분 카레, 3분 짜장, 컵라면과 편의점 김밥과의 인연은 여기까지인 거로.

무엇보다도 이 집은 창문이 무지하게 컸다! 앗싸!

자취를 시작하고 처음엔 엘리베이터가 없어도 별로 힘든 줄 몰랐다. 하지만 시간이 흐르면서, 짐이 많거나 화장실이 급할 때면 5층이 너무 빡세다는 생각이 들었다. 배가 불러도 너무 불렀다.

착한 척했다고 욕을 먹었다

20대 내 최대 관심사는 돈이었다. 돈을 빨리, 많이 벌고 싶었다. 그러기 위해선 직장에서 더 잘하고 인정받아야 했다. 능력을 키워서 얼른 팀장도 되고 실장도 되고 싶었다. 새 직장에서 나는 열심히 달렸다. 1년 내내 가장 일찍 출근하고 가장 늦게 퇴근했다. 모르는 건 묻고 또 물었다. 다음 해 월급은 173만 원에서 203만 원으로 30만 원이나 올랐고, 대박 난 가게 진동벨처럼 나를 찾는 환자도 많이 늘었다. 그곳은 나의 진가를 알아주는 병원이었다. 생활은 뭐… 비슷비슷했지만.

그런데 언제부터였을까. 위 연차들이 내 인사를 받아 주지 않기 시작했다. 말을 걸어도 좀처럼 대답이 없었다. 처음엔 '내가 뭘 잘못했나?' 싶었지만, 곧 알게 됐다. 한 달 전부터 원장님은 위 연차들이 하던 일을 나에게만 맡기기 시작했다. 그때부터 사람들의 태도는 달라졌다. 조그만 일에도 한숨을 쉬고, 도와주려고 다가가면 과하게 짜증을 냈다. 그렇다고 안 도와주면, 안 도와준다고 뭐라고 했다. 그럴 때마다 스스로에게 '괜찮다, 나는 괜찮다.' 주문을 걸었다. 일하다 막히는 게 있어도 아무도 도와주는 사람이 없었다. 다들 내가 포기하길 바라는 눈치였다. 하지만 못 하겠다고 발을 빼거나 맡은 업무를 도로 뺏기기는 싫었다.

일을 해내면 해낼수록 위 연차들은 더 심하게 꼬투리를 잡았다. 나는 싸우기 싫어서 일일이 변명하지 않았고 참았을 뿐인데 그럴수록 더 우습게 보였다는 사실을 몰랐다. 늘 출근과 동시에 그만두고 싶었지만 참았다. '이것도 못 견디면 앞으로 어디 가서도 못 버틴다.', '일을 내 것으로 만들 때까지만 다니자.'라고, 아침마다 스스로에게 되뇌었다.

난 원래 참는다. 계속 참는다. 그러다 어느 날, 갑자기 터진다. 그날이 바로 그런 날이었다. '네가 언제까지 버티나 보자' 하는 눈빛이 평소보다 더 거슬렸다. 그런 날은 하루이틀이 아니었는데 나는 왜 그랬던 걸까. '고작 이딴 일'에 맥이 탁 풀리면서, 결국 터져 버렸다. 끼고 있던 글러브를 바닥에 내던졌다. '괜찮다. 나는 괜찮다' 주문이 풀리는 순간이었다.

'야, 너 같은 애랑은 일 못 하겠다. 나 너 때문에 그만둔다.'라고 말해 버렸다. 화나고 억울하고 속상해서 소리라도 지르고 싶은데 오히려 더 먹먹해져서 말이 제대로 나오지 않았다. 점심시간이 그렇게 끝나고 남은 업무를 하고 집에 왔다.

다음 날, 최악의 기분으로 눈을 떴다. 공중에 헛발질을 하며 그 순간을 참지 못한 나 자신에게 화가 났다. '왜 그랬을까, 왜 그랬을까' 자책이 꼬리에 꼬리를 물었다. 순간 싸한 느낌이 들었다. 사람의 '촉'은 때로 기가 막히게 정확하다. 직업 커뮤니티에 들어갔더니 첫 화면에 유독 댓글이 많은 제목이 눈에 띈다. 제목은 '싸가지 없는 후배'. 한참을 망설이다 클릭했다. 클릭하자마자 단번에 알았다. 거기에 적힌 그 '싸가지 없는 후배'가 바로 나라는 것을. 참 자세하게도 써놨다 싶었다. 그 글 속에 있는 '나'는 잡일은 안 하고 선배들의 일을 탐내는 '싸가지 없는 후배'였고 의사에게 예쁨받으려고 '열심히 하는 척, 착한 척하는 막내'였다.

참고 참다가 한 번 화를 냈을 뿐인데, '지금까지 착한 척했다'고 욕을 먹었다. 댓글은 순식간에 100개가 넘게 달렸다. 사람들은 알지도 못하면서, 나에 대한 비난 댓글을 쏟아냈다. 사람들을 선동하는 데는 글 하나면 충분했지만, 해명하는 것은 보통 일이 아니었다. 오히려 그 글과 댓글들을 계속해서 읽다 보니 내가 정말 그런 사람인가,

내가 정말 쓰레기인가 하는 착각마저 들었다. 다 포기하고 그냥 눈을 감았다. 병원을 그만두기로 했다. 사실 피해를 당했든 피해를 줬든 그만둬야 할 사람은 바로 나였다. 직원 6명 중에 반 이상이 원장의 가족이었다. 사직서를 들고 병원으로 향했다. 들어가면서 마주친 내 짐은 이미 휴지통에 들어 있었다. 사직서를 내고 나가는 내 뒤통수를 바라보던 그 눈빛들이 아직도 생생하다.

그날 5층 계단을 오르며 다짐했다. 앞으로 다시는 '병원 것들'과 상종도 하지 않겠다고. 나는 착한 척했다고 욕을 먹은 사람이 아니었다. 그저 화를 내야 할 때 내지 못하고 속앓이만 하다 급발진해 버린 바보 등신이었다.

사직서를 내던 날, 다시 방으로 올라갈 때는 한 칸, 한 칸 씩씩하게 올라갔는데 내려올 때는 한 칸도 내 힘으로 내려올 수 없었다. 발이 떨어지지 않았다. 불행은 정말 한꺼번에 들이닥쳤다. 유일한 버팀목이었던 가족은 더 이상 가족이 아니었다. 차라리 때리고 욕을 했으면 이 정도로 고통스럽지 않았을 텐데. 가족에게 받은 상처는 남에게 받은 것과는 차원이 달랐다. 하루하루 마음에 암이 자라는 느낌이었다. 매일 밤 배신감과 절망감에 몸서리를 쳤다. 인생 전체가 무너졌다.

시계가 언제 고장 났는지도 모를 만큼 시간이 흘렀고 방에 불이 켜지는 날은 점점 줄어들었다. 자려고 누우면 자동으로 눈물이 터졌다. 방음이 안 되니 소리 내서 울 수도 없었다. 그때 알았다. 다 큰 어른이 소리 내서 울 수 있는 곳은 없다는 것을. 한강 다리 위에서도 누가 볼까 봐 뒤를 돌아본다는 것을.

그새 슬픔은 화가 되었다. 내가 뭘 잘못해서 이런 일이 생긴 건지 분해서 잠이 안 왔다. 방이 너무 답답하게 느껴지면 새벽 2시고 3시고 벌떡 일어나 신발을 신고 24시간 코인노래방으로 달려갔다. 그런데 희한하게도 밥은 넘어갔다. 엄마는 항상 말했다. 너는 아파도 밥은 잘 먹는다고.

밥을 잘 먹어서 그런가, 시간이 지나면서 마음의 상처도 조금씩 무뎌졌다. '내 편 하나 없다.'고 생각했는데 옆에는 지금의 남편이 매일 5층 계단을 올라와 나를 웃겨 주었고 고장 난 시계도 고쳐 주었다. '괜찮아. 힘내.'라는 말이 아니라 '우리 집도 콩가루인데 너네 집은 더 콩가루인 거 같아.' 이 한마디에 웃음이 터졌다. 진심으로 위로가 되었다.

멈춰 있던 나의 시간이 다시 흐르기 시작했다. 무엇보다도 통장 잔고를 보니 정신이 들었다. 방에서 울고웃는 동안 퇴직금은 거의 바닥이 났고 42만 원이 들어 있었던 청약통장은 비상금으로 깨서 써 버린 지 오래였다. 일을 하긴 해야 했다. 하지만 다시 '병원 것들'과 마주 보며 일할 자신은 없었다.

어쩌다 청소를 시작했냐고요?
사람이 싫어서요

그해 여름.

내 방 청소도 안 하던 내가, 고시원에서 알게 된 에어컨 청소 사장님을 쫓아다니기로 했다. '나 따라다니면서 일이나 해요.'라는 말이 동아줄처럼 느껴졌다. 그날로 사장님을 따라 청소를 다니기 시작했다. 청소 일은 그 어떤 것도 다른 사람과 함께하지 않아서 좋았다.

사람에게 치여 본 사람은 안다. 그게 얼마나 숨 막히는 일인지. 내가 병원에서 제일 듣기 싫었던 꼬투리는 세 개였다. '이거 누가 이렇게 하래?', '됐어.', '내가 할게.'까지. 징글징글했다. 그래서 청소가 좋았다. 말없이 쓸고 닦으면 되는 일이어서. 먼지와 곰팡이는 나에게 눈치도 상처도 주지 않았다. 마치 낮엔 싱크대 공장에서 싱크대를 만들고 밤엔 방구석에서 말없이 소주 뚜껑을 따던 드라마 〈나의 해방일지〉 속 구 씨의 모습이 딱 내 모습 같았다. 차에 실려 멍하니 바깥 풍경을 구경하다가, 목적지에 도착하면 쓸고 닦고, 끝나면 집으로. 말 없이 할 수 있는 단순한 노동에 돈도 일급으로 바로 꽂아 주지, 세금도 안 떼지. '이것이 바로 자본주의인가.' 하는 괴상한 생각도 들었다.

기술은 정말 부르는 게 값이었다. 왜 어른들이 기술 배워라, 기술 배워라 했는지 그제야 이해가 갔다. 하루에 3~4시간 일하고 30~40만 원씩 벌어가는 사장님의 모습은 '돈, 저렇게 쉽게 버는 거였어?'라는 생각이 들게 했다. 나는 10만 원을 벌기 위해 매일 8시간 동안 직장에 붙잡혀 있었던 노예였는데 말이다. 속으로 이런 생각이 들었다. '나도 배우면 하겠는데?' 철딱서니 없었던 그 생각은 2주 만에 산산이 부서졌다.

생전 처음 해 보는 육체노동은 말 그대로 개같이 힘들었다. 더울 때 시원하고 추울 때 따뜻했던 병원은 천국이었다. 장비는 무거웠고 엘리베이터 없는 상가나 빌라는 계단 지옥이 따로 없었다. 비가 오면 비를 맞아야 했고 수도가 멀리 있으면 양동이에 물을 받아서 나르기도 해야 했다. 퇴폐 마사지 업소에 가서 에어컨 청소를 하고 온 날. 나에겐 세상에 없을 무용담이 생겼다. 나이 지긋한 마담 아줌마가 자기보다 어린 남자에게 "삼촌~"이라고 부르는 것을 듣고 있자니 정신이 혼미해졌다. 웃음이 터질까 봐 슬픈 생각을 하며 겨우 참았다. 여름 내내 청소를 하면서 몸은 힘들었지만 정신은 그때만큼 편안했던 적이 없었다.

하지만 몸이 청소일에 익숙해질 무렵, 기다렸다는 듯이 정신적 힘듦이 찾아왔다.

습식 사우나 같은 공간에서 일하는 것은 더웠지만, 나름 견딜 만했다. 정작 견디기 힘들었던 것은 '나 자신을 바라보는 나'였다. 20대 후반에 변변한 직업 없이 병원 마스크가 아닌 청소 마스크를 쓰고 다니는 내 모습이 나조차도 마음에 들지 않았다.

병원에서 '선생님'이라고 불리며 환자 교육을 전담하던 내가 화장실에 쭈그려 앉아 에어컨에 핀 곰팡이나 닦고 있으니 돈을 벌어도 기분이 좋을 리가 없었다. 자느라 문을 열어 주지 않거나 잠옷 바람으로 나와서는 문만 열어 주고 다시 이불 속으로 들어가는 또래들을 만날 때면 내 자존감은 바닥을 뚫고 내려갔다. 그래도 그런 것들은 버틸 수 있었다.

가장 괴로웠던 것은 따로 있었다. 세무서나 우체국, 디자인회사 같이 여자들이 많은 사무실에 갈 때면 그 정적인 분위기에 저절로 어깨가 움츠러들었다. 숨도 잘 쉬어지지 않았다. 그런 날이면 집에 오자마자 짜파게티 두 봉지를 뜯었다. 마음이 불안할 때면 항상 입에 뭔가를 넣어 줘야 마음에 안정이 찾아왔다.

어느새 여름바람은 시원한 가을바람으로 바뀌었다. 기나긴 4개월이었다. 밖에 나와서 병원 일이 아닌 다른 일을 하며 처음으로 알게 됐다. 이 세상에 나란 존재는 너무 하찮고 아무것도 아니구나. 애정이라곤 눈곱만치도 없었지만 병원 일이 내 성격에는 맞는 일이었구나. 그걸 인정하는데 1년이라는 시간이 걸렸다. 병원 일이 그리웠다기보다는 청소 일이 너무 힘들었다.

결정적으로 청소가 끝나고 면봉으로 검사하는 고객을 만났던 날. 사장님이 그 면봉에게 환불해 주고 나와서 줄담배를 피우는 모습을 보았다. 걸레를 아무리 잘 빨아도 수건이 될 수는 없다. 꼴랑 10만 원에 10년이나 쓴 에어컨을 새 걸로 만들어 주길 바라는 사람, 청소비가 비싸다며 트집을 잡는 사람, 비오듯 땀 흘리는 사람 앞에서 집에 있는 모든 선풍기를 자기 쪽으로 돌려놓는 사람, 이 더위에 물 한 잔 주지 않는 사람들을 보면서 어쩌면 정신이 아픈 사람보다 몸이 아픈 사람을 돌보는 병원 일이 낫겠다는 생각까지 들었다.

우습지만 다시 병원으로 돌아가기로 했다. 고심 끝에 몇 군데 이력서를 넣었고, 다음날 면접 보러 오라는 연락을 받았다. 면접 날, 대기실 소파에 앉아 있는 10분이 한 시간 같았다. 잠시 후 키 크고 덩치 큰 남자 원장님이 슬리퍼를 끌고 흰 가운을 휘날리며 나왔다. 나를 보자마자 경상도 사투리를 있는 대로 없는 대로 내뱉는다.

"어~ 왔나~ 밥 묵고 가. 왔으니까 밥 묵고 가래이."
원장님은 그 한마디를 끝으로 들어가 버리셨다. 면접 날 면접은커녕 선생님들과 김치찌개에 밥을 먹었다. 내 첫인상이 별로였나? 떨어진 건가? 싶었는데 일주일 뒤 출근하라는 연락을 받았다. 학연은 아니고 아마 지연이 먹혔던 것 같다. 원장님과 나는 같은 지역 같은 동네 출신이었다. 출근하기 전날 밤 다짐했다.

너무 열심히 하지 말자.
그냥 적당히 눈치 보며 다니자.
뭔가가 되려고 하지 말자.

청소, 부업이 되다

병원에 출근한 지 한 달이 지났다. 사람들은 모두 상냥했고 특히 원장님은 인격이 훌륭하신 분이었다. 이런 병원을 퇴사하는 사람은 로또라도 된 건지, 아니면 내가 로또에 당첨된 건지… 알 수 없는 일이었다.

어디서 일을 배웠냐며, 낮은 연차에도 일을 잘한다고 칭찬을 받았다. 그 덕에 월급은 많이 받았지만 그새 물가는 더 많이 올랐다. 지난달 통장 잔고가 870만 원이었는데 아직도 여전히 900만 원 언저리에 있는 것을 보니 짜증이 났다. 대체 천만 원은 어떻게 모으는 건지. 천만 원이 되긴 될는지. 암만 생각해 봐도 통장에 구멍이 난 게 아니고서야 이럴 수는 없었다. 안 쓰고, 안 입고, 사람도 안 만나가며 모았는데 돈이 다 어디로 갔냐고. 정말 '식'이, 먹는 게 문제인가?

이래서는 답이 없었다. 주말에 병원 알바를 할까 싶다가도 '미쳤냐, 병원에서 하루 종일 일하고 주말에도 병원에 가서 일하게?'라는 생각이 나를 붙잡았다. 아무리 돈을 벌고 싶어도 인간적으로 그것만은 피하고 싶었다. 다가올 엄마 생신에 명절에 돈 나갈 일은 줄을 섰는데 서른을 바라보는 나이에 모른 척 그냥 넘어가기도 그렇고 골치가 아팠다.

그놈의 돈….

더운 바람이 분다. 다시, 여름이 오고 있었다. 그 순간 한 가지 생각이 떠올랐다.

'*그래, 청소를 하는 거야.*'
사람이 싫어서 시작했던 청소가 본격적으로 돈벌이 수단, 부업이 되는 순간이었다. 그때까지만 해도, '부업'이 내 인생을 이렇게까지 바꿔 놓을 줄은 몰랐다. 여름을 알리는 4월부터 7월 말까지 평일엔 병원일, 주말엔 에어컨 부품 세척을 다녔다. 그렇게 주 7일을 쉬는 날 없이 일했다. 부업이 너무 힘들다 보니 본업은 쉬러 가는 것처럼 느껴졌고 월요병 따위는 얼씬도 하지 않았다. 오히려 월요일이 기다려졌다.

청소일만 할 때 느꼈던 내 '가벼운 존재감'에는 본업이 자리 잡으면서 그만큼의 무게감이 더해졌다.

그때부터 사람들 사는 모습과 진짜 세상이 눈에 들어오기 시작했다.

2부

천태만상 인간 세상

보이지 않던 세상이 보이기 시작했다.
그 집들, 그 사람들, 그 순간들에 대한 이야기를
하려고 한다.

내가 본 진짜 세상은,
뉴스에도, SNS에도 없는 것이었다.

진짜 세상이었다.

외국인 노동자 숙소에서
들고 온 숙제

"아니, 꼭 저기까지 해야 해요?"

일하면서 처음 투정을 부렸다.

경기도 화성의 중견기업 사무실. 들어가기 전 함바집에서 배 터지게 밥도 먹었겠다, '세 시간이면 끝나겠지.'라고 쉽게 생각했다. 청소를 마치면 나보다 먼저 도착한 책을 읽을 생각에 들떠 있었다. 그런데 온 김에 외국인 노동자 숙소까지 청소하라고?

"하는 김에 오늘 저기도 좀 해 줘요."

공장 사장님의 한마디에 청소 사장님은 내 의사는 묻지도 않고 일을 받아 왔다. 이럴 때 사장 놈들이 제일 싫다. 사장 놈들은 다 똑같다. 돈만 주면 다 할 거라고 생각하지. 일급을 더 쳐 준다고 좀 도와달라고 한다. 거기서부터 짜증이 밀려왔다. 나도 집에 가서 밥해야 하고 할 일이 산더미인데… 거기까지 하면 최소 2시간은 더 걸릴 텐데. '내가 왜 외국인 노동자 숙소까지 들어가야 해?'라는 온갖 부정적인 생각들만 머리에 가득 찼다. 숙소 문을 열고 들어서는 순간, 스팀이 확 받는다.

"아… 이런 미친."

컴컴한 거실, 찐득한 방안, 계절감을 상실한 이불들과 옷가지들, 그리고 맡기 싫은 냄새까지. 여기가 경기도 화성만 아니었다면 버스를 타거나 걸어서라도 집에 갔을 것이다. 방에 불이 어두운 건 다행이었지만 눈에 보이지 않아도 맡을 수 있는 냄새는 피할 길이 없었다.

문제는 또 있었다. 방에 들어가려면 신발을 벗어야 하는데 도저히 신발을 벗을 엄두가 나지 않았다. 신발을 벗는 순간, 내 발이 바닥과 직접 닿게 된다는 생각에 미쳐 버릴 것 같았다. 발이 닿는 것도 싫었지만 하다 하다 돈 몇 푼 벌려고 여기서 이 짓을 하고 있다는 사실이 끔찍이도 싫었다. 기분이 태도가 되는 순간이었다.

"하… 아… 그래도 어쩌겠냐…."

흐린 눈을 하고, 입을 꾹 닫고 그저 내가 '해야 할 것'에만 집중했다. 그래야지 집에 갈 수 있으니까. 그래도 신발은 못 벗겠더라. 아,

몰라. 말도 안 통하는데 그냥 욕을 해라. 나는 신발을 신은 채 방과 방 사이를 지나다녔다. 끝까지 사수하고 싶었던 내 자존심의 마지노선이자, 비하와 혐오의 표현이 '벗지 않은 신발'이었다. 혹시라도 무슨 일이 생기면 전속력으로 뛰쳐나갈 생각도 했다.

그런데 내가 그들을 경계하는 만큼 그들 역시 나를 경계했다. 내가 왔다 갔다 하는 방향에 맞춰 까맣고 하얀 눈동자가 이리저리 바쁘게 움직였다. 그 공간엔 나만 있었던 건 아니었지만 그래도 무서웠다.

한 시간 쯤 지났나 긴장이 조금 풀리는 게 느껴졌다. 그제야 아까와는 다른 풍경이 눈에 들어왔다. 한여름인데도 겨울 이불 위에 누워 이어폰을 길게 늘어뜨리고 음악을 듣고 있는 어린 청년들. 그 모습을 보자 순간 마음속 깊은 곳에서 여러 가지 복잡한 감정이 올라왔다.

'저 사람들 눈에는 나도 똑같은 노동자겠구나.'
'어쩌면 사람 사는 집에 신발 신고 돌아다니는 내가 더 무례해 보일 수 있겠다.'
그걸 깨닫는 순간, 신발을 벗을 수 있었다. 생각만 바꿨을 뿐인데 그 바닥이 그렇게 싫지 않게 느껴졌다. 디뎌 보니 또 디딜 만했다. 신기하게도 방은 그 모양을 해 놓고 욕실은 엄청 깨끗했다. '이 사람들,

안 씻고 사나?'라는 의심이 들 정도로 말이다. 일을 끝내고 15만 원이 든 봉투를 받았다.

집에 돌아오는 길. 내가 인간적으로 고쳐야 할 부분이 무엇인지 깨달았다. 욱하는 마음, 나쁜 태도, 감정에 휘둘리는 나. 한마디로 정리하면 '기분이 태도가 되지 않도록 멘탈 관리를 잘하는 것'이 내가 외국인 노동자 숙소에서 들고 온 숙제였다.

오후 6시. 집에 오자마자 긴장이 풀려 소파에서 그대로 잠이 들었다. 고된 하루였다. 그리고 얼마 지나지 않아서 두 가지를 깨달았다.
첫째. 진짜 더러운 사람들은 우리나라 사람들이라는 것.
둘째. 사장이 돈이라도 더 주고 일 시키면 다행이라는 것.

이게 집이냐,
돼지우리냐

'행색은 속여도 집 꼬라지는 못 속인다.'

나는 이 말을 좋아한다. 수도 없이 많은 집을 다녔는데 그중 잊히지 않는 몇몇 집들이 있다. 집 꼬라지가 '개판'인 집은 많다. 뭐, 먹고살기 바쁘면 그럴 수도 있다. 우리 집도 한때는 개판이었다.

그 집은 정말 남달랐다. 〈세상에 이런 일이〉에 나와도 이상하지 않을 정도로. 집은 어질러져 있는데 집주인과 얘기를 나눠 보면 사람은 또 멀쩡하다. 옷은 사방팔방 널어져 있고 쓰레기인지 뭔지 모를 것들과 화장품들이 뒤섞여 바닥을 뒤덮고 있다. 개들은 달려와 다짜고짜 내 발냄새를 맡기 시작한다. 어디선가 고양이 울음소리도 들린다. 디퓨저, 향수, 개와 고양이들의 배설물 냄새까지 한 곳에 어우러져서 에어컨에서는 한 번도 맡아 보지 못한 썩은 냄새가 났다.

근데 딱 한 곳. 신기하게도 베란다는 반짝반짝 광이 날 정도로 깨끗했다. 깨끗한 게 이상해 보이는 것도 재주다. 자세히 보니 그날 입을 옷 한 벌만 베란다에 걸어 놓고 살고 있던 거였다. 그 사람이 가장 쾌적하게 머무는 공간이 바로 그 베란다였던 것이다. 그 당시에는 경악을 금치 못했는데 지금은 그저 웃음이 난다. 그 이후로 나는 미혼인 친구들에게 늘 잔소리를 했다.

"야. 진짜 하고 다니는 거에 속지 말고 꼭 집 꼬라지를 보라니까."

그 말은 내 인생 최고의 명언이 됐다.

며칠 전 그 집에 또 다녀왔다. 도저히 궁금함을 참을 수가 없어서 물었다.

"혹시… 무슨 일 하세요?"

돌아오는 대답은 충격이었다.

"변리사요."

우리 엄마는 어질러진 내 방을 볼 때마다 늘 이렇게 말했다.

"가시내야, 이게 사람 방이냐, 돼지우리냐. 얼른 안 치워?!"

나는 그런 집을 만날 때마다 잠깐만 엄마를 데리고 오고 싶었다. 말로 해서는 도저히 안 믿을 게 분명하니. 그런 날은 아마 오지 않겠지만 그 상황을 상상하는 것만으로도 웃음이 났다. 엄마에게 딱 한 마디만 하고 싶다.

"엄마 봐 봐. 내 방은 깨끗한 거라니까? 맞지? 그치?"

문틈으로 돈을 내미는 집

　오후 6시. 비가 내린다. 부업 특성상 양손 가득 장비를 들고 다니기에 내리는 비는 그냥 맞아야 한다. 차가 못 들어가는 골목에 다닥다닥 붙은 빌라들. 건물마다 붙은 파란 번호표를 보며 집을 찾는다. 주소지에 쓰인 빌라 안으로 들어와 머리와 옷에 떨어진 빗방울을 탁탁 털어내는데 건물 느낌이 쎄하다. 사람이 살지 않는 폐건물 같은 느낌이 들어 오래된 우편물로 주소를 확인했다. 마지막 숫자가 다르다.

　"그러니까 3이 아니고 4라고요? 아. 알겠습니다. 5분 내로 갑니다!"

　자기 집 주소를 잘못 알려 주는 사람이 있다니. 당황스럽다. 아무튼 다시 장비를 양손에 들고 한 바퀴를 돌아 알려 준 주소에 도착했다. 건물도 끼리끼리 노는 걸까. 여기도 별반 다를 것 없이 쎄하다. 관리가 안 되는 건물은 일단 복도에 불부터 안 들어온다. 집이든 사람이든 잘 관리된 것들은 항상 밝다. '똑똑똑.' 몇 차례 문을 두드리니 안에서 인기척이 들린다. 한 발도 들어가기 힘들 만큼 빼곡하게 들어선 짐들. 가까스로 집 안으로 들어갔다. 방 하나가 전부인 이곳에 무슨 짐들이 이렇게 많은지.

'저게 뭐야…?'
한쪽 벽에 장롱이 길게 이어져 있었는데 천장과 장롱 사이의 공간에 뭐가 있다. 하얗고 빵빵한 봉투들이 피아노 건반처럼 쭉 일렬로 늘어져 있었다. 나는 그게 이불 봉지라고 생각했다. 가까이서 보니까 그건 종량제 비닐이었고 그 안에 든 건 쓰레기였다. '미치겠다. 이 사람 뭐지… 나 오늘 살아서 집에 갈 수 있는 거야?' 그땐 내 눈에 '이상한 것은 흐리게 보기' 스킬이 없을 때라 내 상식에서 벗어난 것들은 다 비정상으로만 느껴졌다. 벌레를 경멸했던 내가 지금은 청소 중에 후다닥 지나가는 바퀴벌레를 봐도 '같이 사나 보다.' 하고 모른 척할 만큼 스킬이 늘었다.

화장실로 이어지는 주방 통로는 통아저씨도 겨우 지나갈 만큼의 공간밖에 없었다. 아무리 좁은 집도 옆으로 지나다녀 본 적은 없었는데 부품을 들고 그 좁은 통로를 왔다 갔다 하다 보니 절로 짜증이 났다. 여기가 왜 그렇게 좁나 했더니 여행용 캐리어가 자리를 다 차지하고 있었다.

내가 화장실에서 부품을 세척하는 동안 그 사람은 자꾸 사장님 옆에서 뭐라고 말을 건다.
"저 여기 오래 안 살 거예요. 올여름만 잠시 사는 거예요."
"아. 그러시구나. 네네."
사장님의 반응이 영 마음에 안 들었나 보다. 했던 말을 또 한다.
"아니, 저 진짜 여기 잠깐만 살 거예요"
"네네네, 고객님. 여기 잠깐 계시는 거죠?"
'네네네.'는 사장님이 진짜 듣기 싫을 때 나오는 말버릇이었다.

'저 여기서 오래 안 살 거예요.', '곧 이사 가요.'
몇 년 동안 청소를 다니며 알게 된 건데 집이 후질수록, 자존감이 낮으면 낮을수록 저런 말을 하는 사람들이 많았다. 남들이 자기를 속으로 욕한다고 생각하는 것 같다. 그런 사람들이 높은 확률로 이상한 짓거리도 많이 한다. 어떤 사람은 내가 무주택자냐고 월세냐고 전세냐고 물을 이유도 없고 물어본 적도 없는데 먼저 얘기하는 사람들이 있다. '아, 집 사면 뭐, 세금에 뭐에 돈만 많이 나가지.'라고 말한다. 넓고 큰 집에 월세 살면 이해를 하지. 무슨 우거지마냥 벽지도 다

찢어진 단칸방에서 그런 말을 하면 먹히냐고. '종부세 내기 싫어서 판자촌에서 살아요.' 이거랑 무슨 차이가 있냐고.

"잠깐 밖에 나가서 기다려 주실래요?"

이 집은 마지막이 압권이었다. 이제 돈만 주면 끝인데 갑자기 집에서 나가 달란다. 사장님은 항상 그 자리에서 돈을 받는 사람인데 뭔가 쎄한지 나가자고 신호를 보낸다. '사장님이 이런 사람이 아닌데….' 처음 겪는 상황에 동공이 흔들렸다. 머릿속으로 별의별 생각이 다 들었다. '먹튀인가?' '우리 나가면 문 잠그는 거 아닌가?' 밖에 나가 사장님과 문만 바라보며 서 있었다.

30분 같은 3분이 지났다. 갑자기 문이 빼꼼 열리더니 문 사이로 돈을 쓱 내미는 게 아닌가. 뭐지 이 상황은? 설마 우리가 돈이라도 훔쳐 갈까 봐 경계한 건가? 진짜? 이해가 되지 않는 상황에 어처구니가 없었다. 이 일 이후로 비슷한 일을 꽤 많이 겪었다. 우리가 나가면 문에 귀를 대고 몰래 엿듣는 사람도 있었다. 그 집 문에 붙어 있는 십자가를 보며 속으로 조용히 외쳤다.

"주여…."

직업에도 귀천이 있다

　상가건물 청소는 늘 고역이다. 화장실이 멀면 물을 길어야 하고, 작업 중간에 사람들이 오가면 청소는 끊기기 일쑤다. 장비가 무겁기 때문에 계단을 오르내리는 것만으로도 진이 다 빠진다. 상가 일정이 잡히면 솔직히 기분이 좋지만은 않다.

　그날도 그랬다. 상가 3층에서 에어컨 부품을 세척해야 했고, 물을 끌어 올릴 장소를 찾기 위해 화장실로 향했다. 그런데 화장실 문을 열자마자 멈칫했다. 바닥은 물론이고 세면대, 거울까지 물기 하나 없이 반짝이고 있었다. 심지어 세면대 밑, 타일 틈새까지 흠잡을 곳 하나 없었다. 그런 화장실은 처음이었다. '여기서 먹고 자고 해도 되겠다.'는 말이 절로 나왔다.

감탄도 잠시, 세면대 밑으로 들어가서 세면대의 수도와 세척 기계를 연결했다. 연결을 끝내고 다시 뒤로 기어 나오려는 찰나 등 뒤에서 싸늘한 기운이 느껴졌다.

"여기서 뭐 하시는 거예요?"

돌아보지 않아도 알 수 있었다. 이 화장실을 만든 주인공, 청소 여사님이었다. 작은 체구였지만 강단 있는 목소리. 말 한마디에 기선 제압이 되는 그런 사람이었다. 순간 머릿속이 새하얘졌다. '이 여사님한테는 못 이기겠다.'는 확신이 들었다.

나도 물러설 수 없었다. 이 화장실에서 청소를 못 하면 안 그래도 촉박한 하루 일정에 차질이 생긴다. 나는 최대한 낮은 자세로 조심스럽게 말을 건넸다.

"저… 여기서 부품 세척을 해야 하는데요. 화장실이 너무 깨끗해서…."

여사님은 코웃음을 치듯 말했다.

"나는 여기서 먹고 자도 될 정도로 해 놓잖아. 밑에는 아주 더럽다니까. 나는 3층 맡았고, 2층은 딴 아저씨가 하거든? 그래도 난 120밖에 못 받아."

불만이 없는 듯하면서도, 은근히 본인의 노력에 대한 인정을 바라는 듯한 말투였다. 알고 보니 왕년에 학교 급식실을 총괄하던 분이셨다. '급식실 여사님들을 진두지휘하려면 이 정도는 돼야겠구나.'

싶었다. 2시간 같았던 20분간의 대화가 끝나고 마침내 조건부 허락을 받았다.

거울에 물기를 닦고 갈 것.
바닥 청소를 하고 갈 것.
청소가 끝나면 문자를 보낼 것.

그렇게 무사히 부품 세척을 마쳤다. 다시 생각해도 그 화장실은 감동이었다.

어느날 나는 약속장소로 향하다 우연히 그 건물을 지나가게 되었다. 이유는 모르겠지만 무언가에 이끌리듯 그 건물로 들어가 엘리베이터를 타고, 3층 버튼을 눌렀다. 심장이 뛰었다. 엘리베이터 문이 열리고 발을 들이는 순간, 나는 알았다. 여전히 그 여사님이 계신다는 것을. 화장실은 그대로였다. 물기 하나 없이 말끔한 거울, 반짝이는 바닥, 휴지통에 가지런히 깔린 비닐까지. 모든 게 여전했다. 누군가의 최선이 공간을 이렇게 바꿀 수 있다는 걸, 나아가 한 사람의 심장을 이렇게 뛰게 할 수 있다는 것을 그 순간 알게 되었다.

그날 여사님과 한 약속 중 세 번째, '문자 보내기'.

나는 건물 관리소장님에게 그날의 감동과 여사님의 청소에 대해 진심으로 한 자 한 자 문자를 남겼다. 여사님의 월급이 단 1만 원이라도 오르기를 바라며.

'직업에 귀천이 없다'는 말, 사실은 틀렸다. 직업에 귀천이 있기에 귀천이 없다는 말이 생긴 것이다. 다른 사람들은 그 일을 천하다 생각하지 않는데 그 일을 하는 본인 스스로가 그 일을 천하게 만들기도 한다. 반대로 남들이 미천하다고 생각하는 일을 할지라도 사람을 감동하게 하는 '최선의 노력'은 상대방으로 하여금 자신을 돌아보게 하기도 한다.

여지껏 청소를 다니며 아는 사람을 만난 일은 없었지만 늘 마음 한편엔 불안함이 자리잡고 있었다. 혹시나 전 직장동료의 집에 가게 되는 날이 올까봐, 병원 환자를 만날까 봐. 하지만 여사님을 만났던 그날 이후로 그런 걱정은 조금 내려놓게 되었다. 걱정을 내려놓는 대신 주말에도 땀 흘려 일하는 나 자신을 더 멋지고 소중한 사람으로 대해 주기로 했다.

나의 롤모델,
돈 많은 백수를 만났다

　병원 근무가 없는 토요일. 시계는 8시 30분을 가리키고 있다. 50분에는 집에서 나가야 하는데 더럽게 나가기가 싫다. '놀고 싶은 나'와 '나가야 하는 나'의 의미 없는 신경전이 20분 동안 이어진다. 아무것도 안 하고 소파에 누워서 천장만 보고 있어도 좋을 것 같다. 10분만 더 자고 싶다. 시간이 멈췄으면 좋겠다.

"하아… 가자."
　하지만 이내 한숨을 길게 내쉬고, 가까스로 몸을 일으켰다.
　내가 원하는 삶은 돈 많은 백수의 삶이었는데… 현실의 나는 돈도 없고, 백수도 아니고, 나이만 먹고 있었다.

오늘 첫 번째 집은 4층에 있었다. 제발 엘리베이터가 있어라 있어라 빌었건만, 없었다. 4층까지 장비를 들고 터벅터벅 걸어 올라갔다. 401호… 402호… 403호. 여기다. 숨이 찬다. 체력이 없어도 너무 없다. 정상적인 사람이 나오기를 바라며 벨을 눌렀다. 벨 소리에 누군가 어기적어기적 걸어 나오는 인기척이 들린다. 아저씨다.

혼자 지내시는 건지 현관에 신발이 하나밖에 없다. 장식적인 소품들도 하나 없다. 방에는 달랑 컴퓨터 한 대가 전부였다. 청소 사장님은 에어컨을 분해했고 나는 그 부품들을 들고 화장실로 들어갔다. 이 집 에어컨도 박복하지. 에어컨 필터가 먼지로 꽉 막혀 있으니 시원한 바람이 나올 리가 있나. 태어나서 한 번도 누군가의 손길이 닿은 적 없는 듯했다.

아저씨는 내가 청소를 하든 실수로 바닥에 널브러진 옷을 밟고 지나가든 관심이 없다. 그저 화면 속의 캐릭터가 빗쟁이에게 쫓기기라도 하는 건지 눈 한 번 깜박이지 않고 거기에만 집중하고 있었다. 힐끗힐끗 곁눈질로 그 손놀림을 보고 있자니 얼마나 오랜 세월 저 자세로 게임을 해 왔는지 알 것도 같았다. 이 집 저 집 다니면서 게임광은 숱하게 봐서 이젠 익숙하다. 얼음 띄운 핫식스가 세상에서 제일 맛있다는 것도 어느 게임쟁이에게 배웠다. 한 시간쯤 지났을까, 나는 별안간 아저씨에게 이렇게 물었다.

"아저씨. 저랑 같이 청소나 다니실래요?"

그건 나도 모르게 나온 말이었다. 악의는 없었다.
아저씨가 씩 웃는다. 나도 웃었다. 사람은 밖이 아닌 자기 집에선 참 솔직해지는 것 같다. 처음 본 나에게 과거의 이야기를 술술 해 주는 것을 보면 말이다. 아저씨가 해 준 얘기는 그게 진실이든 거짓이든 나에겐 중요하지 않았다. 믿고 안 믿는 건 나의 선택이니까.

과거 8~90년대 아저씨는 10년 넘게 가전제품 설치 일을 하셨다고 했다. 냉장고 설치, TV 설치와 같은 대형 가전 설치 말이다.
"아가씨, 내가 그 시절에는요. 한 달에 1,300만 원을 벌…."
"에? 1,300만 원이요?"
순간 너무 놀라서 침이 나왔다. 그 시절 한 달에 1,300만 원이면 지금으로 쳐도 엄청난 돈이다. 요즘 유튜브나 인스타그램에 천만 원씩 번다고 떠드는 놈 중에 진짜 버는 놈들은 거의 없을 거다. 진짜 부자는 조용히 돈을 번다.

아저씨는 그 돈으로 경기도에 있는 아파트를 몇 채 사 두고 상가도 샀다고 했다. 여기까지 딱 들었을 때 당연히 뻥이라고 생각했다. 근데 들으면 들을수록 뻥이 아니었다. 이제야 아저씨 목에 걸린 두툼한 금목걸이와 손가락의 금반지가 눈에 들어왔다.

나는 내 롤모델을 만난 것이다! 돈 많은 백수의 삶이 바로 아저씨의 삶이었다! 월세와 부동산 수입만으로 평생을 쉴 수 있을 만큼의 돈을 벌었으니, 그는 더 이상 일할 필요가 없었다.
"지금은 왜 안 하세요?"
처음에 물었을 때, 아저씨는 그 이유를 '스트레스' 때문이라고 했다. 그 말도 맞긴 맞았다. 그 스트레스는 아저씨의 몸도 무너뜨렸다.

사람이 10년 이상 쉬지 않고 정신적, 육체적으로 힘든 일을 하다 보면 반드시 몸에 후유증 같은 것들이 남는다. 엄마의 후유증은 불면증이었다. 스트레스받아서 이제 일을 하지 않는다던 아저씨. 손목에 인대가 세 번이나 끊어져 더 이상 일을 할 수 없는 것이었다. 양쪽 손목의 인대가 끊어짐과 동시에 아저씨를 묶고 있던 가난의 고리도 끊어졌다. 뼛속까지 사무친 경제적 결핍감은 채워졌지만 얼굴엔 표정이 없었다. 살아 있지만 살아 있지 않은 것처럼 느껴졌다.

1시간 30분 만에 청소가 끝났다. 아저씨는 나갈 채비를 하는 나를 힐끗 본다. 뒤이어 마른기침을 하며 의자에서 일어나 냉장고에서 음료수를 가득 꺼내 주셨다. 나도 평소 같았으면 '안녕히 계세요.' 하고 나왔을 텐데 그날은 그냥 이렇게 말했다. '아저씨 저 가요~ 건강하세요.'

다음 집으로 이동하는 차 안, 나는 말없이 생각에 잠겼다. 분명 내가 꿈꾸던 백수의 삶인데 이상하게 닮기 싫은 백수의 삶이었다. 또 나름 괜찮은 사람이라고 생각했던 내 자신에 대해서도 한 발 떨어져 생각하게 되었다. 아주 잠깐 그 사람의 환경과 행색만 보고 이 사람은 '백 퍼센트 가난할 거다'라고, 다 아는 척 판단했던 내가 어리석게만 느껴졌다. 상대방의 삶을 살아 보지 않고서 함부로 그를 불쌍하게 여겼다. 사람 사는 거, 옆에서 깊이 들여다보지 않으면 모르는 건데….

그때 사장님이 왜 나에게 청소나 다니자고 했는지 그날 알았다. 내 표정이 아저씨처럼 저랬나 보다.

두 번째 부업

여름이 끝나면 나의 첫 번째 부업도 함께 막을 내린다. 에어컨 청소가 체력적으로는 꽤 빡세지만, 짧은 기간 안에 집중해서 돈을 벌 수 있다는 장점이 있었다. 하지만 여름이 지나고 나면 자연스럽게 멈춰야 하는 일이기에, 계절이 바뀌면 나도 다시 여느 직장인과 비슷한 삶으로 돌아가야 했다. 그때마다 나는 밀린 책을 읽거나 카페에 가서 커피를 마시며 멍때리거나, 반신욕도 하고, 하고 싶었던 소소한 일들을 하면서 쉬었다.

하지만 어느 순간부터 이렇게 쉬는 시간이 마음 한편으로 불안하게 다가왔다. 여름 부업처럼 계절 타는 일 말고 꾸준히 이어갈 수 있는 고정적인 부업이 하나 있었으면 좋겠다고 생각했다. 생각한 김에 일자리를 찾아봤다.

 구직사이트를 수시로 들여다봤지만 현실은 냉정했다. 카페, 편의점, 쿠팡 배달, 돌봄, 시험지 채점. 선택지는 많아 보였지만, 시간대도 맞지 않고 대부분 '경력자만 지원 가능'이라는 문구로 가득했다. 구직사이트만 봐도 한없이 작아지는 기분이 들었다. '내가 할 수 있는 일은 병원 일 말고 없는 게 아닐까?'라는 생각이 들 정도로.

 내가 입사했을 시기에 우리 병원에는 주 2~3회, 아침 일찍 오셔서 청소해 주시던 여사님이 계셨다. 늘 새벽에 나오셨기에 직원들과 마주칠 일은 거의 없었지만, 그녀가 떠난 자리를 보면 '참 야무지게 잘 하셨다.'는 말이 절로 나오는 여사님이었다.
 고수들은 세상이 알아본다고 했던가. 정말 그 말이 맞는 듯했다. 몇 달 뒤, 여사님은 개인 청소업체를 차리면서 병원 청소를 그만두게 되었다. 돈 되는 일이라면 뭐든지 하던 나는 이 기회를 놓치지 않았다.

 "어차피 출근해야 하는 병원인데, 일찍 나와서 청소도 하고 돈도 벌고. 너무 좋잖아!"
 지금의 남편에게 큰소리친 것도 잠시, 괜히 한다고 나섰다가 똥 될 것 같은 느낌도 들고, 그렇다고 남 주기엔 아깝고…. 혼자 김칫국을 사발로 마시고 있었다.

그 청소 여사님이 한 달에 35만 원씩 받으셨다는 이야기를 들었다. 6년 전 기준으로 주 2~3회 청소하고 35만 원이면 그리 나쁜 조건은 아니었다. 일단, 말이라도 꺼내 보기로 하고 원장실 문을 두드렸다. 몇 마디 하지도 않았는데 흔쾌히 병원 청소를 허락해 주셨다. 아마 원장님은 내게 숨겨 둔 자식이 있거나 찢어지게 가난해서 저리 돈에 집착한다 생각하셨을 거다. 어떻게 생각하든 상관없다. 나에겐 그저 선물 같은 부수입이었다.

처음엔 같이 일하는 선생님들도 당황했겠지. 진정 돈에 미치지 않고서야 저렇게까지 하나 싶었을 것이다. 멋쩍은 기분에 중간에 누가 하겠다고 하면 언제든 '청소 이모' 자리를 내어 놓겠다 큰소리쳤지만, 내심 꿀 같은 부업을 뺏길까 봐 노심초사했다. 걱정과는 달리 그런 일은 단 한 번도 일어나지 않았다. 진짜로. 그렇게 나는 내가 일하는 병원을, 본업 전 아침마다 직접 청소하는 두 번째 부업을 갖게 되었다. 처음엔 한 시간 반이나 일찍 일어나야 했지만, 그만큼 내 삶도 새롭게 정돈되기 시작했다.

건물 열쇠로 1층 출입구 문을 연다. 엘리베이터를 타고 내가 일하는 층에 올라와 다시 병원 문을 연다. 병원 내부의 전기 스위치를 올리고 기계를 하나하나 켠다. 불빛이 켜지고 기계가 돌아가기 시작할 때, 내 흐리멍덩한 눈에도 조금씩 생기가 돈다.

업소용 청소기를 밀며 어제의 흔적을 지운다. 쓰레기통 열 개를 비우고 분리수거와 일반 쓰레기를 각각 모아 밖으로 내다 버리는 반복적인 일도 이젠 능숙해졌다. 화장실 청소가 제일 하기 싫었지만 하다 보니 그것도 할 만해졌다. 정수기 주변을 정리하고 원장님 방의 먼지를 닦는다. 종종걸음으로 이쪽저쪽을 뛰어다니다 보면 금세 한 시간이 지나간다. 마지막으로 바닥을 밀대로 마무리할 때쯤이면 출근하는 선생님들의 발소리가 들렸다.

한겨울 해가 뜨지 않아 컴컴한 아침, 아무도 없는 건물의 문을 열고 들어가는 것은 꽤 무서웠다. 혹시나 엘리베이터에 갇히기라도 하면 '누가 나를 여기서 구해 줄까.' 겁도 났다. 그래서 병원에 들어오면 일부러 신나는 노래를 크게 틀어 놓고 청소를 했다. '아이고, 벌써 문 열었어요?' 아침 일찍 불 켜진 병원을 보고 아침잠이 없는 어르신들은 불쑥 들어오기도 했다.

일주일에 2~3회, 월 35만 원으로 시작한 병원 청소 부업은 6년 차인 현재 월 45만 원을 받는다. 6년 동안 10만 원이 오른 셈이다. 적다고 생각하면 적은 돈이고 많다고 생각하면 많은 돈이다. 다른 직장인들은 돈 안 받고도 한 시간씩 일찍 가서 일하는데 나는 '돈도 받으면서 일찍 출근한다.'고 생각했다. 동시에 '몇 년간 성실하게 근무했기에 이런 좋은 기회도 찾아오는 게 아니겠나.' 싶은 마음에 병원에

오는 환자분들에게도 친절하고 친근하게 대해 드렸다.

　병원 청소를 한 지 2년쯤 지났을 때, 막내인 내가 병원에서 벌어가는 돈은 꽤 많았다. 병원에서만 300만 원 넘는 돈을 벌었다. 아침 일찍 일어나 번 돈이었고, 한 번도 떠벌리고 다닌 적은 없었지만 괜한 시기와 질투의 대상이 될까 조심스러웠다. 피곤한 일에 휘말리는 것은 딱 질색이었다. 고민 끝에 결심했다. 인간관계 뿐만 아니라 나 자신을 위해서라도 혼자만 잘살려고 아둥바둥하지 말자고. 나는 천천히, 아주 조금씩 푼돈 버는 방법을 흘리고 다녔다. 대뜸 강요하면 거부감이 생기기 마련이니 아주 천천히 다가갔다. 평소 돈 모으기에 별 관심 없던 언니들에게 아주 간단한 앱테크부터 쏠쏠한 이벤트까지 하나씩 하나씩 알려 주었다. 100원 모을때 시큰둥하던 사람들이 부수입으로 2천 원, 3천 원씩 받으면서 돈 모으는 재미를 알아가기 시작했고, 그 다음에는 퇴직연금 관리법을 공유하며, 절약하는 습관까지 내가 아는 모든 것을 전파했다.

　나는 식비 8,000원을 현금으로 받기 위해 가끔 굶거나 도시락을 싸서 다녔다. 그 모습을 본 선생님들은 혀를 끌끌 찼다. 그랬던 사람들이 어느 날부터 도시락을 싸 오기 시작했다. 하루에 8천 원씩 모으니 앱테크와는 비교도 안 되게 수입이 커졌다. 일주일이면 4만 원 한 달이면 16만 원이었다. 전직원이 도시락까지 자리 잡는 데 2년이 걸렸다. 어느새 다른 별에서 온 외계인 같던 막내는, 시간이 지나며 어느새 대단한 사람이 되어 있었다.

　사실 나는 별 볼 일 없는 사람이다. 재테크 방법이야 인터넷에 떠도는 걸 주워 와서 내 거인 양 얘기하면 누구든 워렌 버핏이다. 실행한 자신이 가장 대단하다는 것을 경험으로 알고 있었다. 그래서였을까? 대가가 없어도 서운하지도 섭섭하지도 않았다. 오히려 고마웠다.

노동의 신성함을 모욕하다니

나는 남에게 관심이 없다. 하루는 짧고 일 년은 더 짧다 보니 좋든 싫든 누군가에게 신경을 쓰는 것이 사치로 느껴졌다. 오늘도 8천 원 식대를 받기 위해 도시락을 싸고, 3만 원을 벌기 위해 이른 아침 출근길에 나섰다.

병원 청소의 마지막 코스는 항상 쓰레기 배출이다. 재활용 쓰레기를 각각의 투명한 비닐에 담아서 내다 버려야 한다. 처음엔 다들 나처럼 대로변까지 들고 가서 버리는 줄 알았는데 다른 건물에는 쓰레기장이 있다는 것을 알게 되었다. 쳇. 옆에 코딱지만 한 건물에도 쓰레기장이 있는데 여긴 6층 건물인데도 쓰레기장이 없다니. 아무튼 후진 건물이라며 투덜대면서 양손 가득 쓰레기를 들고 엘리베이터에 올랐다. 3층에서 엘리베이터가 멈췄다. 아는 얼굴이다. 이 건물의 '이인자'이자 사실상 실세인 ○○저축은행의 이사였다. 우리 병원은 매달 1층에 있는 ○○저축은행에 월세를 내고 있다. 아무리 '의느님'이라 불러도, 결국 진짜 갑은 건물주였다.

"안녕하세요."
'끄덕.'
"여기는 쓰레기 버릴 데가 없어요. 다른 데도 건물 뒤에 하나씩은 있는데."
"당신 집에 들고 가서 버리든가. 하던 청소나 해요."

그 말을 듣는 순간 눈에 눈물이 가득 고였다. 코로나 시기라 마스크를 쓰고 있었던 게 얼마나 다행이었는지 모른다. 내가 6층 직원인 것은 전혀 모르는 것 같았다. 그날 이후 TV에 ○○저축은행 광고만 나와도 화가 치밀었다. '내가 저 은행에 넣어 둔 돈이 몇억 있었다면 당장 그 돈을 다 빼 버렸을 텐데….' 다 의미 없는 상상이었다. 그 일을 마음에서 밀어내는 데에는 꽤 많은 시간이 걸렸다. 몇 달 뒤 그 밉상 화상 '싹퉁바가지'가 병원으로 찾아왔다.

"여기는 청소 누가 하나?"
"왜요? (나다. 이 새끼야.)"

"아니, 우리도 밑에 청소하는 사람을 좀 구해야 할 것 같아서. 요즘 젊은 사람들은 청소하기 싫어하니까. 이왕 하는 거 위아래로 같이 하면 좋지. 근데 밑에는 워낙 보안에 민감한 자료들이 많아서… 좀 믿을 만한 사람이….”

2금융권도 공부 좀 한다는 애들끼리 피 터지게 경쟁해서 들어온 곳일 텐데 아침마다 쓰레기 비우고 화장실 청소시키면 당연히 도망가지. 밑에는 중요한 자료들이 많아서 일반인을 고용하기는 좀 그렇다고? 그래서 갓 들어온 직원들이 청소를 한다고? 청소에 돈 쓰기 싫어서인 거 누가 모를 줄 아나. 말 같지도 않은 소리를 차암 말같이 한다.

말하는 거 보니 돈을 많이 줄 것 같지는 않았지만 내심 얼마나 주려나 궁금하긴 했다. 많이 주면 조금은 할 생각도 있었다. 다음날 1층에서 나를 기다리고 있던 사람은 대출팀 과장님이었다. 키는 좀 작았지만 이 건물에서는 그 싹퉁바가지 다음으로 직급이 높고 항상 웃는 얼굴만 보여 주는 친절한 사람이었다. 같이 찬찬히 내부를 둘러봤다.

은행 내부는 내가 생각한 것보다 훨씬 넓었다. 방이 어찌나 많은지 눈에 보이는 게 다가 아니었다. 반대로 돈은 생각한 것보다 훨씬 적었다. 130평이 넘는 내부 청소를 주 5일 동안 하고 한 달에 고작 70만 원을 준다고 했다. 그럼 그렇지. 기대한 내가 바보였다. 단칼에

거절했다.' 그 뒤로 싹퉁바가지와의 교류는 거의 없었다. 2~3달 전 처음 보는 아주머니께서 밀대를 들고 건물을 왔다 갔다 하는 것을 보긴 봤는데 요즘은 또 안 보이신다.

5월의 어느 날, 출근길에 건물 벽에 붙어 있는 험한 것을 보고 말았다. 벽에 붙은 것은 싹퉁바가지의 얼굴이었다. 이사장인가 협회장인가 뭔가를 뽑나 본데 사람들 투표로 뽑는 것 같았다. 후보는 딱 두 명이었다.

기호 1번은 아주 인상 좋고, 욕심 없는 듯이 보이지만 사실은 욕심 많은 사람. 기호 2번은 욕심 많아 보이고, 실제로도 욕심 많은 싹퉁바가지였다. 벽보가 붙어 있는 사흘 내내 나는 그 험한 것을 매일 봐야 했고 당연히 기호 1번이 뽑히기를 간절히 빌고 또 빌었다. 하지만 그건 내 바람일 뿐. 싹퉁바가지가 뽑힐 거라 생각했다. '모르는 게 약이다.' 생각하며 여느 때와 다름없는 하루하루를 보냈다. 결과가 궁금했지만 알아볼 방법은 없었다. 며칠 뒤 출근 버스를 타고 번화가를 지나는데 현수막에 익숙한 얼굴이 보인다.
기호 1번 아저씨 얼굴이 크게 붙어 있었다.
바람에 흔들리는 현수막이 이렇게 반가운 적은 태어나 처음이었다.

감히 노동의 신성함을 괄시하다니. 기호 2번, 너는 떨어져도 싸다.

내 마음속 일류대학은
철도대입니다

일요일 아침 7시, 한여름이라 그런지 아침에도 덥다. 보통 에어컨 청소는 오전 9시부터 시작하는데 오늘은 8시부터 일이 잡혔다. 빈속에 에너지 드링크를 하나 들이붓고 7시 반쯤 집에서 나왔다. 차에 타서도 비몽사몽이다.

"왜 오늘 8시예요?"
"학생이 그렇게 해 달래."
"아오. 무지하게 졸리고 무지하게 배고프네요."

바깥 하늘은 비가 오려는지 흐렸고 우리가 차에서 내릴 때쯤엔 빗방울이 한 방울씩 떨어지고 있었다. 곧 대학가에 옹기종기 모여 있는 원룸촌에 도착했다. 장비를 들쳐메고 학생 방까지 가는 오르막이

상당히 가팔랐다.

남학생이었다. 태어나서 에어컨 청소는 처음 받는 것 같아 보였다. 방이 한 칸이라 어디 들어가지도 못하고 엉거주춤 서 있는 모습이 귀여웠다. 몇 학년이냐고 물으니 2학년이란다. 여기가 성균관대학교 바로 옆이라 대부분 성대생인데, 나는 단지 음료수를 잘 준다는 이유만으로 성대생들을 좋아했다. 그 역시 당연히 성대생이라고 생각하고 물었다.

"성대생?"
"아뇨, 철도대요."
당연히 성대생이라고 생각했는데 뜬금없이 철도대라고 하니 할 말이 없어졌다.

"아… 철도대. 근데 왜 여기 살아요?"
"지하철이 가까워서요."
우리의 대화는 5분을 채 넘기지 못하고 끝나 버렸다.
학생은 신기한지 20분을 서서 구경하다 갑자기 우산을 집어 들었다.

"저 잠시 나갔다 올게요."
"뭐, 그러세요. 20분이면 끝나니까 그 전엔 오셔야 해요."

남학생은 그렇게 집을 나가 버렸다. 역시 어색했던 걸까.

하지만 15분이 지나도 학생이 오지를 않는다. 곧 가야 하는데, 괜히 불안해지기 시작했다.

20분이 될락 말락 할 때쯤 도어락 비밀번호를 누르는 소리와 함께 문이 열렸다. 학생이 온 건 알았지만 청소 마무리를 하느라 별로 신경 쓰지 않았다. 청소가 끝나고 학생은 사장님에게 현금 8만 원을 내밀었다.

그렇게 학생은 에어컨 청소 후에 꼭 주의해야 할 점을 듣고 있었고 나는 나머지 짐을 챙기고 있었다.

설명이 끝나고 가려는데 학생이 내 앞으로 까만 비닐봉지를 내민다. 까만 비닐봉지 안으로는 알루미늄 포일이 번쩍거렸다.

"뭐예요?"
"김밥이요."
"으엑? 김밥?"
"제가 일찍 오시라고 해서 식사도 못 하셨을 것 같아서요."
"아…."
너무 감동을 받은 나머지 아무 생각도 나지 않았다.

우산을 들고 나간 이유가, 김밥을 사기 위한 걸 그제야 알았다.

김밥이 든 봉지를 들고 얼떨떨하게 그 집을 나오는데 현관에 있는 학생 신발이 다 젖어 있었다. 그때는 표현이 서툴러서 이 말을 못 해 줬다.

'오늘부터 성균관대보다 철도대를 더 좋아하기로 했다.'고.
지금도 내 마음속 일류대학은 서울대가 아니고 철도대다.

가난도 결국 익숙해진다

어릴 적 우리 집과 너무나도 닮은 집. 역시나 옷은 산처럼 쌓여 있고 벽에는 곰팡이가 슬어 있다. '와아….' 이 소리를 입 밖으로 낼 수는 없었지만 그건 정말이지 처음 보는 처참한 환경의 집이었다. 현관은 콘크리트 바닥을 그대로 쓰고 있고 거실엔 흙먼지가 날렸다. 식탁 위에는 언제 먹었는지도 모를 짜장면 그릇과 수저가 그대로 있었다. 욕조는 땟국물이 찌들다 못해 굳어서 초록색과 갈색 사이의 이상한 색으로 보였다. 뭐가 나올 것만 같아서 불을 켜는 게 망설여졌다.

그 집에서 가장 최악이었던 것은 단연코 냄새였다. 참 신기하지. 남들은 다 맡는 냄새를 그 집에 사는 사람들은 못 맡는다는 것이. 냄새 고문이 있다는 것을 처음 알았다. 그 냄새를 뭐라고 표현해야 할까. '없는 비밀기지도 실토하고 싶어지는' 냄새였다. 거실에선 아이들이 TV를 보며 깔깔거리고 있었다. 그 웃음소리가 더 깊은 숨막힘으로 다가왔다. 단 5분도 못 버틸 냄새 속에서, 아이들은 웃고 있었다.

그 순간, 머리를 세게 맞은 것 같았다. 사람은 이런 곳에서도 웃을 수 있구나. 이런 냄새에도 적응하며 살아갈 수 있구나.
그게 가장 무서웠다. 가난이 너무 오래되면, 그게 가난인 줄도 모르게 된다는 것.

냄새도, 어지러움도, 다 찢어진 벽지에 이가 나간 그릇까지 '그냥 원래 그런 줄' 알고 살아가는 사람들.
아빠라는 사람은 문 닫고 뭘 하나 궁금했는데 그때 방문이 사알짝 열렸다가 닫혔다. 방안에서 이어폰을 뒤집어쓰고 줄담배를 피우며 게임을 하고 있었다. 뿌연 연기가 새어 나오는 방과 거실에 있는 아이들을 번갈아 보니 숨이 턱 막혔다. 집은 주인을 닮는다. 에어컨은 먼지로 꽉 막혀서 선풍기만도 못한 상태였다. 애들이 얼마나 더웠을까. 가까스로 청소를 끝냈다.

내, 이럴 줄 알았다. 견적을 미리 협의하고 왔는데도, 청소가 끝나니 그렇게 더럽지도 않았다며 깎아 달라고 지랄을 한다. 머릿속에 자주 보던 웹툰 속의 대사가 스쳐 지나갔다. '돈이 없으니까 염치도 없고 죄책감도 없는 거야? 아니면 그 따위로 사니까 돈이 없는 거야?'

그 집을 나온 뒤에도 그 냄새가 코끝에 남아 있었다. 더 무서웠던 건, 내 마음에까지 그 공기가 스며든 것 같았다. 그 집 아이들은 자라서 어떤 어른이 될까. 그 아이들도 또 다른 방 한 칸에서 냄새에 익숙해질까. 나는 잊지 않기로 했다. 가난은 그냥 힘든 게 아니라 익숙해질수록 더 무서운 것이다.

한 달에 40곳, 1년이면 160곳의 가정집을 방문한다. 모든 집을 기억할 수는 없지만, 한 가지는 분명히 말할 수 있다. 부유한 집들은 각자의 방식으로 집을 꾸며도 '부유함'이라는 색채를 잃지 않는다. 반면, 소외계층의 집에서는 그 색채가 철저히 결여돼 있다.

나도 색채가 있는 삶을 살고 싶어졌다. 그 소망은 '돈을 모아야 한다'는 악착같은 각성제로 작용했고, 가을과 겨울에 해이해졌던 정신은 매해 새로운 여름을 만나면서 점점 단단해졌다.

3부

사람이 다시 좋아지기 시작했다

사람에게서 도망치던 나에게,
사람 때문에 울컥하는 날들이 찾아왔다.

부업하길 참 잘했다

"딸~ 엄마 이것 좀 사 줘."

엄마는 스마트폰 사용이 서툴러서 필요한 게 생기면 늘 나에게 카톡으로 부탁했다. 엄마 친구들은 인터넷으로 옷도 사고 이것저것 필요한 것들을 잘 주문하는데 우리 엄마는 그렇지 못했다. 그래도 다행이었던 것은 말만 하면 보내 주는 딸이 있다는 거. 딱 그거 하나 다행이다 싶었다. 엄마는 늘 고맙다는 말과 함께 이 말을 덧붙였다.

"돈은 내일 부칠게~"

엄마는 한 번도 돈을 부치지 않은 적이 없었다. 2만 원짜리를 사서 보내면 3만 원을, 9만 원짜리를 사면 10만 원을 부쳐 줬다. 다시 보내기는 그렇고 받기엔 좀 찜찜하게. 항상 금액보다 약간 넘치게. 물건값에 엄마의 걱정을 더해서 보냈다. 알량한 자존심에 '엄마 돈 부치지 마. 내가 사 줄게.'라는 말이 턱밑까지 차올랐지만, 당장 다음 달 핸드폰 요금과 보험료를 떠올리면 그 말은 목구멍 너머로 삼켜졌다. 자취생에게는 그 일이만 원도 결코 작은 돈이 아니었다.

본업과 부업을 병행해도 처음엔 별반 다를 것 없는 생활의 반복이었다. 출근 전 한 시간의 잠, 주말, 휴가, 월차까지 반납하면서도 통장은 늘 텅 비어 있었다. 그러다 어느 순간, 깨진 장독대 같던 통장에 돈이 조금씩 쌓이기 시작했다. 주말엔 15만 원, 출근 전 청소는 한 달에 45만 원. 조금씩, 그러나 분명히, 통장은 차기 시작했다.

한낮 기온이 33도에 육박하던 어느 날.
아침 8시부터 오후 4시까지 남의 집 화장실에서 부품 세척을 했다. 바지 안으로 흐르는 게 땀인지 물인지 모를 정도였다. 시간에 쫓겨 빨리 일을 끝내려다 보니 머리고 얼굴이고 물기 범벅이다. 기분 좋게 10만 원을 받아서 집으로 걸어 가는데 바람이 분다. 그런 날에 여름 바람은 어찌나 시원한지 하루의 피로까지 싹 날아가는 느낌이다.

"카톡."
순간 카톡 알림이 울린다. 엄마다.

"딸~ 엄마 홈쇼핑에서 이 원피스 주문 좀 해 줄래?"

나는 카톡을 보자마자 한 치의 망설임도 없이, 엄마가 입고 싶다던 그 원피스를 샀다. 그리고 의기양양하게 말했다.

"엄마. 돈은 부치지 마. 내가 사 줄게."

그 순간의 감정이 아직도 또렷하다.
'이젠 내가 사줄 수 있겠구나.'

돈 벌어서 너무 좋았다. 그날, 진짜 좋았다.

그날 이후, 나는 생각했다.
돈이 전부는 아니지만, 돈이 있어야 지킬 수 있는 것도 분명히 있다는 걸. 엄마의 부탁에 선뜻 고개를 끄덕일 수 있는 여유, 필요한 순간에 사랑하는 사람에게 아무런 계산 없이 다가설 수 있는 용기. 그 모든 감정은, 내가 부업으로 번 작은 돈이 만들어 준 마음의 여유였다.

건물주 봉수부부 이야기

29살, 3년간 살았던 자취방에서 나와 5분 거리에 있는 남자친구의 전셋집에서 동거를 시작했다. 진즉 살림을 합쳤다면 월세를 아낄 수 있었겠지만, 3년간의 독립생활은 나에게 꼭 필요한 시간들이었다. 몇 푼 아끼려고 창문 없는 방을 골랐을 때와 같은 미련한 결정은 한 번으로 족했다. 남편의 자취방과의 거리는 걸어서 불과 5분이었지만, 5층에서 짐을 들어 날라야 했기에 그 5분이 5시간처럼 느껴졌다. 1주일 내내 계단을 오르락내리락하며 다짐했다. '다신 엘리베이터 없는 곳에서 살지 않으리.'라고. 그러고 보면 나는 계단에서 뭔가를 많이 다짐했다.

5층을 떠나던 날 주인아줌마는 애경백화점에서 사 온 고급 나무

도마를 선물로 주셨다. 그 도마의 가격은 내 한 달 방세의 절반이었다. 3년 동안 한 번도 월세를 올리지 않으신 덕분에 돈도 많이 모았고 행복하게 살다가 나간다고 인사말을 전했다.

그 인사말은 인사치레가 아니었다. 두 분은 단순히 '주인아줌마, 아저씨'가 아니었다. 타지에서 처음으로 만난 '어른'이었다. 두 분은 부부인데 성도 이름도 똑같아서 나와 남편은 카리스마 있는 아줌마를 '봉수 형', 수줍음이 많던 아저씨를 '봉수 누님'이라고 불렀다.

방을 계약하던 날 건물주였던 봉수형과의 첫 만남이 아직도 생생하다. 칙칙하고 어벙한 옷을 입었고 벙거지모자를 뒤집어쓴 주인아줌마는 '건물주'라는 이름과는 전혀 어울리지 않았다. 거기다 살면서 본 아줌마들 중에 최고로 무섭게 생겼었다.

'망했다….'

아줌마 얼굴을 보는 순간 이건 안 되겠다는 생각이 들었다. 계약서에 사인을 하기 전에 집주인에게 한 가지 부탁할 게 있었는데 무서워서 얼굴을 쳐다볼 수도 없었다.

"저… 저저… 기… 저, 그…."

입을 떼는 순간 부동산 아줌마와 집주인 아줌마의 시선은 나에게 쏠렸다.

"방에 TV랑 컴퓨터가 없어서 인터넷을 쓸 일이 없는데요…. 관리비에서 좀 빼 주시면….”

"그거는 기본 옵션이라서. 그런 거는 빼는 거 아니야.”

듣고 있던 부동산 아줌마가 황급히 내 말을 잘랐다.

10초간의 정적이 흘렀다. 집주인 아줌마의 미간이 찌푸려진다.

"아니야. 아가씨가 안 쓴다는데 쓰라고 하면 어떡해. 빼 줄게요.”

덕분에 나는 관리비에서 3만 원을 아낄 수 있었다.

3년을 그 집에 살면서 한 번도 벌레를 본 적이 없다. 아침저녁으로 분리수거장을 청소해 주신 봉수 부부 덕분이었다. 늦잠을 자서 헐레벌떡 5층 계단을 뛰어 내려가면 뒤에서 '기지배야! 옷 똑바로 안 입고 다녀!' 외치는 봉수 형의 목소리가 들렸다. 3개월에 한 번씩 내 방 문고리에 도어락 건전지를 걸어 두고 가시던 봉수 누님은 생일 때마다 10만 원씩 잊지 않고 넣어 주던 아빠 같았다. 동네를 걸어 다니다 봉수형을 만나면 매번 30분씩 정신교육을 받았다. '현관에 신발이 두 켤레일 때 부지런히 벌어라.', '사치하지 마라.', '꼭 악기는 하나 배워 둬라.', '전세 살지 마라.', '집을 살 거면 무조건 32평에 들어가라.'와 같은 가르침들이었다.

가끔 에어컨 청소를 다니며 내가 살던 동네를 지나칠 때가 있다. 힘든 일도 많았지만 정작 떠오르는 기억들은 즐겁고 행복했던 것들밖에 없었다. 어쩌면 3년간의 내 자취생활은 이런 온수매트 같은 사람들이 있었기에 그 추웠던 겨울을 버틸 수 있었는지도 모르겠다.

1층 더 낮아져서
제가 더 감사합니다

 직장을 그만두고도 고향으로 돌아오지 않는 딸이 내심 서운했는지, 아니면 돈이 다 떨어지면 제 발로 집에 돌아올 거라 믿었던 건지, 엄마는 내 생활이 빠듯할 걸 뻔히 알면서도 자취 초반 1년 동안은 한 푼도 도와주지 않았다.

 그러다 어느 순간, 체념을 하셨는지 한 달에 10만 원 정도는 '먹고 싶은 거 사 먹어.'라며 본인의 신용 카드를 내 마트 어플에 연결해 주셨다. 가스레인지도 생겼고, 요리를 할 수 있게 된 그 무렵이었다. 엄마가 하사하신 '엄카' 10만 원은 내게 작지만 확실한 선물이었고 엄마의 사랑이었다. 그걸로 우유도 사고, 계란도 사고, 고기도 사고. 야무지게 도시락 반찬을 싸면서 내 나름의 살림을 꾸려 나갔다.

하지만 늘 한 가지, 마음에 걸리는 게 있었다. 한 달에 두 번이었지만 롯데마트에서 배달을 시킬 때마다 늘 같은 기사님이 오신다는 걸 꽤 시간이 흐른 뒤에야 눈치챘다. 그 집에는 엘리베이터가 없었기에 배송 때마다 기사님이 그 무거운 박스를 들고 꼭대기까지 올라오신다는 게 죄송스러웠다. 그래서 배송 메모에 늘 이렇게 적었다.

"5층 올라오는 4층 계단 초입에 그냥 놓고 가 주세요. 제가 들고 올라갈게요."

5층에는 나 혼자 살았으니 가능한 부탁이었다. 그런데 이상하게도, 그 기사님은 단 한 번도 계단에 물건을 두고 간 적이 없었다. 다른 기사님들은 4층 초입 계단이나 4.5층 계단에 휙 던져 놓고 가기도 했는데 롯데마트 배송 기사 아저씨는 달랐다. 항상 5층, 내 문 앞까지 조용히 두고 가셨다. 문을 열면 놓여 있는 박스, 그걸 볼 때마다 '오늘도 또 올라오셨네….' 싶어 혀를 차곤 했다. 미안하고 감사해서.

그렇게 시간이 흘러 나는 근처에 있는 남편의 전셋집으로 이사를 갔다. 이전 집과는 걸어서 5분 거리. 이번에는 4층이었다. 배달 주소만 달라졌을 뿐, 여느 때처럼 5만 원어치 식자재를 주문했다.

점심 시간, 핸드폰을 열었는데, 문자 한 통에 가슴이 철렁 내려앉았다.

'이사하셨네요….'

심장이 미친 듯이 뛰었다. 나에게는 이런 문자를 보낼 사람이 없었다. 순간 너무 무서웠다. 그땐 보이스 피싱도 거의 없었을 때라 딱히 집히는 게 없었다. 심호흡을 크게 하고 문자를 다시 열어 보았다. 세상에.

〈진심을 담아 배송해 드리는 롯데슈퍼 배송 매니저 ㅇㅇㅇ입니다. 주문하신 상품을 문 앞에 얌전하게 놓아 드렸습니다.〉
'이사를 하셨네요….'로 시작되는 문자 메시지의 정체였다.

문자를 확인하자마자 오해가 풀리면서 추격 스릴러의 한 장면이 순간 감동적인 힐링 영화의 한 장면으로 바뀌었다. 내 이름이 좀 특이하긴 했지만, 하루에 수십 군데를 오가는 기사님이 한 달에 고작 두 번 주문하던 나를 기억하고 계셨다는 사실에 눈물이 날 뻔했다. 하지만 나는 아저씨를 잊고 있었다. 누군가의 수고로움 덕분에 두 손 가볍게 살았던 내가 너무나 부끄러웠다. 황급히 답장을 보냈다.

"아저씨~ 감사합니다. 저 이사한 것도 아시고, 세상에 ㅎㅎㅎ 그동안 5층까지 올라오시느라 얼마나 힘드셨어요. 정말정말 감사했어요~"

문자 끝에 감동의 눈물 이모티콘도 세 개나 붙였다. 그런데 곧이어

도착한 답장을 보자마자 눈 앞이 흐릿해졌다.

"1층 낮아져서 제가 더 감사드립니다. ㅋㅋ"

정말 감사한 건 난데, 아저씨는 나에게 감사하다고 했다.

그날, 나는 깨달았다. 너무 덥고 너무 추웠던 그 꼭대기에서 혼자 살았다고 생각했는데, 혼자라고만 생각했던 시간에도 누군가는 묵묵히, 나의 문 앞을 지나고 있었다. 그걸 이제야 알았다.

그 말 한마디가
집 한 채가 되었다

부업을 하다 보면 정말 별의별 사람을 다 만난다. 무심한 사람, 예민한 사람, 눈인사도 안 하는 사람, 그리고 가끔, 삐딱한 말투로 인생 조언을 툭 던지는 사람.

그날 만난 KCC 아파트 주인아저씨는 마지막 부류였다. 그리고 그 말투는 조금 거칠었을지 몰라도, 그의 말 한마디가 내 인생을 움직였다.

2021년 1월.

남편의 1.5룸 전셋집에서 지내는 것은 좋았다. 월세가 안 나가서 좋았고 하루 종일 같이 있을 수 있어서 더 좋았다. 하지만 나이 서른에 언제까지 1.5룸에서 살 수는 없는 노릇이었다. 청소 일을 하며 여러 아파트 단지들을 다니다 보니 평수와 상관없이 멀끔하게 갖춰진 신혼집이 부러웠다. 집 얘기가 나오면 우리의 대화는 늘 비슷했다.

"우리 진짜 어디 가서 사냐…."
"그니까."
"우리가 싫다고 했던 저 아파트 지금 3억이다?"
"헐, 이제 둘이서 모은 거 다 합쳐도 저기 못 가."
"그냥 계속 여기서 살아야 할 것 같은데?"
"그러게."

대화의 끝은 항상 '그니까.' 또는 '그러게.'였다. 결론도 방향도 없는 대화. 그 대화엔 언제나 현실에 대한 체념만 남아 있었다. 둘 다 열심히 모은다고 모았는데 집값은 우리를 기다려 주지 않았다. 오히려 기다려 주지 않기로 작정한 것 같기도 했다.

이젠 '집'이라는 말만 나와도 세상이 얄밉게 느껴졌다. 금리가 어떻고 부동산 시장이 어떻고 주위들은 얘기들을 곧잘 늘어놓으며, 문제는 우리가 아니라 세상이라며 온갖 핑계를 댔다. 주위들은 얘기는 많았지만, 정작 우리에게 필요한 정책은 하나도 몰랐다. 못 살 거니까, 그냥 포기한 거였다. 차라리 우리 돈에 맞춰서 어중간한 집을 고르느니 지금 사는 이 집에서 꿈이라도 꾸는 게 나아 보였다.

"가 보면 알겠지만 오늘 가는 KCC아파트 주인아저씨가 좀 별나."
 사장님의 한마디에 나는 불 위에 올려진 마른오징어처럼 쭈그러 들었다.
 "왜요…? 진상이에요?"
 "그런 것 같기도 하고 아닌 것 같기도 하고."
 청소하면서 흠 잡힐 일은 만들지 말라는 무언의 압박 같았다.

 도착해서 얼마 지나지 않아 사장님이 한 말의 의미를 알게 되었다. 의심이 많은 사람이었다. 청소 시작부터 끝까지 팔짱을 끼고 가만히 서서 지켜보는 게 아주 유난이다 싶었다. 코로나가 다시 재유행할 시기라 다시 마스크를 쓰게 되었지만 눈빛은 정말 매서웠다. 덩치 크고 험악한 인상보다 표준체형에 깔끔한 인상이 때론 더 공포일 수 있다는 것을 그때 알았다. 얼마나 예민하고 눈치가 빠삭한지 느껴졌다. 묻고 싶은 게 있다고 하고 바라보는 그 표정은 '이미 나는 다 알고 있어.'라고 말하는 것 같았다. 빨리 집에 가고만 싶었다. 한참 청소를 하는데 아저씨가 말을 걸었다.

 "아가씨 결혼했어요?"
 "아직 안 했는데 곧 할 거예요."
 "집은 구했고?"
 "저 이 동네에서 사는 게 꿈이에요. 옛날부터 결혼하면 여기서 살고 싶다고 항상 노래를 불렀거든요."

"그럼 이 동네로 와서 살아. 이 앞에 다 상가가 들어올 건데."

"네? 근데 돈이 없어요."

"요즘 누가 자기 돈으로 집을 산다고 그래? 다 은행에서 대출받아서 사는 거지. 지금 전세 산다고? 한번 전세 살잖아? 그러다 평생 전세 사는 거야."

그 말을 들은 순간, 속에서 불쾌함이 확 올라왔다. 아무리 생각해도 너무 쉽게 말한다 싶었다. 내 사정도 모르면서, 뭐든 다 아는 척 툭툭 내뱉는 말투에 괜히 마음이 상했다.

하지만 지금 돌아보면, 그 아저씨는 그냥 바른말을 한 거였다. 나는 그걸 내 기분대로 받아들이고 괜히 기분 나쁘다고 생각한 거였다. 아저씨가 나를 처다본 이유는 젊은 아가씨가 열심히 산다고 생각해서였다.

"잠깐만 있어 봐. 대출이 3억은 나올 텐데."

3억? 3억을 빌린다고? 그렇게 큰돈을? 어떻게 은행이 나한테 3억이나 대출을 해 준다는 건지 듣고도 믿을 수 없었다. 어려서부터 신용카드는 일절 쓰지 않고 빚 없이 현금으로 집을 장만한 부모님을 보면서 '빚'이라는 단어는 내게 두려움의 대상이었다. 없으면 없는 대로 살지 절대 빚은 내면 안 된다고 배웠다. 그런 내게 '3억 대출받아 집 사라.'는 말은 너무나 무모하게 들렸다. 그때 아저씨가 말했다.

"아가씨, 집을 살 거면 지금 사야 해. 나중엔 늦어."

생각났다. 저 얘기는 주인 아줌마였던 '봉수 형'이 나에게 정신교육 차 했던 얘기들이었다. '늦어.'라는 말이 나를 흔들었다.
그때부터 묘한 기분이 들었다. 마치 내가 오늘 집을 살 것만 같은 느낌이랄까? 갑자기 아저씨가 흰 종이 위에 뭘 쓰기 시작한다. 가만히 보니까 동호수를 쭉 적고 있다. 적다가 뭔가 마음에 안 드는지 매직으로 9동과 7동은 찍찍 긋는다. 뜬금없이 청소하는 걸 감시하다 말고 동/호수 적힌 종이를 주면서 가서 집을 보고 오란다.

당황스러웠지만 아저씨 말대로 종이를 받아 들고 집을 보러 갔다. 옆에 있던 청소 사장님도 가 보라고 하길래 그냥 갔다. 다른 집은 집주인이 외출 중이라 일단 1동만 보기로 했다. 1동 12층에 엘리베이터가 멈추고 문이 열렸다. 벨을 누르니 안에서 누가 나온다. 젊은 신혼부부였다. 어느새 나는 이 아파트에 청소하러 온 사람이 아니라 집 보러 온 사람이 되어 있었다. 아저씨가 적어 준 3개의 집은 남향에 10층 이상인 집들이었다.

베란다가 탁 트인 게 말도 못 하게 좋았다. 거실 창문으로 들어오는 햇살은 눈이 부셨다. 멀리는 산이 보이고 앞에는 상가가 바로 보였다. 집에 대해 아무리 몰라도 이 집이 좋은 집이라는 것은 보자마자 알았다. 또 신혼부부가 집을 얼마나 예쁘게 꾸며 놨는지 방 구석구석을 보다 보니 진심으로 여기가 내 집이었으면 좋겠다는 생각이 들었다. 다른 집은 볼 필요도 없었다. 나도 내가 귀신에게 홀렸었던 것 같다.

집으로 와서 남자친구와 집에 대해 한참을 얘기했다. 남자친구는 신발 한 켤레를 사는데도 이틀이 걸릴 정도로 신중한 사람이다. 그는 '좀 더 기다려 보자.'라는 말만 반복했다. 언성이 높아졌고 내 이름으로 대출을 낼 테니 상관하지 말라고 바득바득 우겼다. 결국 그가 잠시 전화를 받으러 나간 사이 나는 집주인 계좌로 계약금 300만 원을 송금해 버렸다.

그게 끝이었다. 한 달 뒤, 내 이름으로 된 30년짜리 3억 원의 대출이 시작됐다. 그때 내 통장에는 4년간 월급과 부업으로 모은 돈 1억과 부모님이 결혼자금으로 주신 돈 2천이 합쳐져 1억 2천만 원이 조금 넘게 있었다. 목적 없이 쌓이만 오던 돈이, 한순간에 집이 되었다.

엄마는 소식을 듣고 '마트에서 수박 고르듯 집을 샀다.'며 어이없어

했지만, 곧 이렇게 말했다.

"사실 집은 그렇게 귀신에 홀린 듯 사는 거야."

지나고 보니 맞는 말이었다.
그리고 그 아저씨가 했던 말도 다 맞는 말이었다. 그때 나는 아저씨가 했던 말의 무게를 견딜 준비가 안 됐던 것 같다. 듣는 척은 했지만, 사실 마음을 닫고 있었다. 내 귀를 막은 건 아저씨가 아니라 결국 나 자신이었다. 맞는 말이었는데도 내 자존심과 기분으로 받아들이기를 거절했던 말들. 시간이 지나고 나서야 그 말들이 얼마나 감사한 말이었는지 알게 됐다. 그건 간섭이 아니라 자신이 먼저 겪고 넘어졌던 돌부리들을 알려 주려는 마음이었다.

집을 사고 나서도 한동안은 실감이 안 났다. 남의 집에 와 있는 기분이랄까? 퇴근을 하면 지금 집이 아닌 전세방으로 가는 버스를 타야만 할 것 같았다. 밤마다 누워 이런 생각을 했다.
'지금 다시 원룸으로 돌아가라고 하면, 돌아갈 수 있을까?'
대답은 언제나 같았다. 나를 아는 사람들은 나더러 기회를 잘 잡았다고 말했고 누군가는 운이 좋았다고 말했다. 그 '기회'와 '운'은 그냥 온 게 아니었다. 쉬고 싶은 것을 참았고, 사고 싶은 걸 포기했고, 가고 싶은 곳을 미뤄 가며 본업과 부업으로 모은 5년의 시간이었다.

계약날 부동산에 가기만 하면 되는 줄 알았다. 그런데 계약날 인감도장이 필요하다는 걸, 그 전날 밤에야 알았다. 부랴부랴 도장집을 찾았다. 친구들은 "벼락 맞은 대추나무, 그걸로 도장 만들어야 잘산다 카던데." 하며 도장값 하라고 돈을 보내 줬다. 농담처럼 건넨 돈이었지만, 진심으로 고마웠다.

그렇게 생에 처음 인감도장을 만들었고 계약금 1억을 내고 나서야 알았다. 그건 끝이 아니라 시작이었다는 것을. 돈 들어갈 곳은 여전히 줄을 서 있었고, 그해 여름, 모자란 돈을 벌기 위해 닥치는 대로 에어컨을 닦았다. 아껴도 지독하게 아꼈던 시기였다.

애증의 무풍에어컨

에어컨 청소를 부업으로 병행하면서 무풍 에어컨을 참 많이 만났다. 무풍 에어컨은 전면에 바람 나오는 구멍이 수백수천 개가 있다. 앞으로 나오는 큰 바람구멍이 닫혀 있어도 전면부의 미세한 구멍으로 바람이 나온다.

부업 초반 나에게 무풍 에어컨은 두려움의 대상이었다. 나는 분명히 세척을 했는데, 확인할 땐 깨끗했는데 다 말리고 보면 구멍 사이사이로 까만 곰팡이가 그대로 남아 있었다. 당장 쥐구멍에라도 숨고 싶었다, 동시에 '나는 한다고 했는데 왜 세척이 잘 안 되어 있지?'라고 변명을 했다. 그럴 때면 사장님이 직접 부품을 들고 화장실로 들어갔다. 그런 일은 한철 내내 반복되었다.

어느 날은 사장님이 너무 화가 났는지 도저히 이해가 안 된다는 말투로 말했다.

"야. 세척할 때 안 보고 하냐?"
"보고 하는데요…."
"보고 하는데 왜 곰팡이가 그대로 있냐?"
"……."
할 말이 없었다.

사장님에게 혼이 났고 자존심도 상했지만, 그게 사실이었다. 나는 얼굴에 물이 튀는 게 싫어서 정방향으로만, 위에서 아래로만 기계를 움직이고 있었다. 그 구멍들 사이사이에 껴있는 곰팡이를 완전히 씻어내려면 얼굴에 물이 튀고, 옷이 젖는 것이 당연했다. 고개를 돌리고, 자세를 바꾸고, 손을 넣기 불편한 각도에서도 꾸역꾸역 손을 넣어야 내 눈을 피해 숨어 있던 곰팡이까지 씻겨 나갔다. 마침내 사장님이 '잘했다.'고 할 만큼 완벽하게 청소해 낸 어느 날, 문득 깨달았다. 기계조차 한 방향으로만 보려 했던 내가, 사람은 얼마나 좁은 시선으로 바라봤을까.

병원에 나보다 어린 알바 선생님이 한 명 있었다. 나보다 어린데 늘 툭툭 말을 던졌고 나는 그게 못마땅했다. '왜 저렇게 말이 거칠지?'라는 생각으로 멀리했다. 그런데 시간이 지나며 알게 됐다. 그 선생님은 말보다 행동으로 챙기는 사람이었다. 내가 피곤해 보이면 조용히 커피를 책상 위에 두고 가고, 회식 때는 늘 왼손잡이인 나를 위해 안쪽 자리를 찾아 앉았다. 나는 너무 오랫동안 그 사람을 말투 하나로만 판단했고 마음의 벽돌을 층층이 쌓고 있었다.

사람을 조금 더 너그러운 시선으로 들여다보자. 스스로에게 주문을 걸었다. 나는 5년에 가까운 시간 동안 개인적으로 사람을 만나지 않았다. 처음엔 '바쁘니까' 그랬다고 애써 포장했지만, 지금 돌아보면 그게 아니었다. 돈이 없어서 사람을 만날 수 없었던 시간이었다. 그러다 보니 자연스럽게 사람에 대한 이해는 줄어들었다. 만나지 않으니 알 수 없었고, 알 수 없으니 오해가 커졌고, 그 위에 나만의 판단을 쌓았다. 누군가의 나쁜 면이 보인다고 해서 그를 나쁜 사람이라 단정 짓는 건, 결국 나 자신의 좁은 시야를 보여 주는 일이었다.

무풍 에어컨을 세척하면서 내가 알게 된 건 청소법만이 아니었다. 나는 그제야 사람 보는 법을 조금씩 익히고 있었다.

미운 사람,
벌은 세상이 준다

병원에서 일한 지 4년쯤 되었을 무렵, 한 명의 직원이 이직하게 되어 새 직원을 구하게 됐다.

점심시간 2시간, 퇴근 6시, 식대는 현금 8,000원 지급. 내가 생각해도 꽤 괜찮은 복지 조건이었다. 역시 다들 보는 눈은 비슷한지, 2년 차부터 16년 차까지 다양한 경력의 이력서가 쏟아져 들어왔다.

다음 날, 병원 메일로 한 장의 이력서가 더 들어왔다. 이름을 보는 순간 숨이 턱 막혔다. 그 사람이었다. 나를 그렇게 힘들게 했던, 사직서를 내고 나를 사회에서 도망치게 했던, 그리고 청소를 시작하게 만든 바로 그 사람이었다. 어이없게도 그 사람을 내가 다니는 직장에 이력서를 낸 구직자로 다시 만나게 되었다.

이력서 주소도 내가 기억하고 있는 그대로였다. 집이 병원과 꽤 거리가 있을 텐데 여기까지 이력서를 냈다는 게 이해가 가지 않았다. 병원까지는 버스로 1시간이 넘는 거리였다. 이력서 한 장에는 시간의 흐름이 무색할 만큼 딱히 달라진 이력도 없었다.

'여기서 만나다니….'

표정관리를 하려 해도 피식 새어나오는 웃음을 막을 수 없었다. 내가 우리 병원을 '로또'라고 말한 이유는 또 있다. 이곳에선 면접을 대표원장님이나 실장님이 보는 것이 아니라, 같이 일할 실무자가 본다. 그리고 그 실무자가 바로 나였다. 나도 그렇게 입사했다. 정식 면접보다는, 직원들과 밥을 먹는 게 진짜 면접이었다. 모든 직원이 장난스럽게 말했다.

"○○ 님이 면접 보셔야 하는 거 아니에요?"

솔직히 말하면, 아주 잠깐 그런 생각을 했다. 안 했다면 거짓말이지. '불러서 면접을 봐? 내가?' 얼굴에 철판 깔고 '제가 면접 담당자입니다. 앉으세요.', '경력이 상당하시지만, 저한테 이곳의 시스템을 다시 배워야 되는데 가능하시겠어요?', '경력에 비해서 업무능력이 그렇게 뛰어나진 않으시네요?' 등등, 머릿속에서 수십 번의 면접을 봤다. 이미 면접관이 되어 있었다.

어쩌다 보니, 그 '소문 아닌 소문'은 원장님 귀에까지 들어갔다.

"누가 우리 ○○이를 괴롭혔다고?"

원장님은 나 대신 방방 뛰며 흥분하셨다.

그 모습이 웃겨서 나도 웃었다. 병원에서는 분명히 웃음이 났다.

그러나 집으로 가는 버스 안에서부터는 웃음이 나오지 않았다.

창밖을 보다가 문득, 양가의 감정이 밀려왔다.

어떻게 잊을 수가 있을까. 치가 떨릴 만큼 미웠고, 죽이고 싶을 만큼 저주했었다. 그랬는데 지금은 그 사람의 처지가 안쓰럽게 느껴졌다. 그때 알았다. 지금의 나는 예전의 나와는 많이 달라졌다는 걸. 그 사람의 행동이 완전히 이해가지는 않았지만, 경력직이 되어보니 조금은 알겠더라. 자기 계발 없이 자기 자리를 지키는 게 얼마나 불안하고 우울한 일인지.

불안했을 거다.

본인도 그 직장에서 나가면 더 이상 갈 곳이 없다는 걸, 누구보다 잘 알고 있었을 테니까. 고작 할 수 있는 건 밑에 직원들에게 일을 가르쳐 주지 않는 것. 뭐 하나 잘못하면 쥐 잡듯 잡는 것. 그거밖에 할 수 없었겠지. 그래야 무서워서, 아무도 그 자리를 넘보지 않을 테니까. 나는 내 안에 아직 정리되지 않은 감정이 남아 있음을 알았다. 하지만 그 감정을 세상에게 넘기기로 했다. 굳이 내가 그 사람에게 잊지 못할 최악의 상황을 선사할 필요는 없을 것 같았다. 가끔 그곳에서의 일들이 떠오르곤 했다. 잊히지는 않겠지만, 벌은 내가 주는 게 아니라, 세상이 준다.'고 믿기로 했다. 그래야 내가 해야 할 일들을 해 나갈 수 있었다.

나는 지금도 그 믿음을 지키며 앞을 향해 걷고 있다.
다른 누구처럼 되지 않기 위해,
그리고 나답게 살기 위해.

늘 바랐다.
나보다 어린 연차의 막내 선생님이 들어오면 정말 잘해 줄 자신이 있다고. 절대 충고하지 않고, 맛있는 것도 사 주고, 술도 매일 사 주겠다고 다짐했다. 그래서 그날이 오기만을 기다렸다.
그날은 오긴 왔다. 6개월쯤이면 올 줄 알았는데, 그새 6년이 지나 있었다. 누가 알았을까. 내가 막내에서 탈출하는 데 6년이 걸릴 줄은.

그리고, 그토록 미워했던 사람을 떠올리며 웃을 수 있게 된 지금, 나는 내가 좋아지기 시작했다.

4부

돈은 조용히 모으는 것

돈, 티 내지 않고 조용히 모아야
더 잘 모이는 법.

첫 번째 1억

'1억.'

세상은 1억으로 할 수 있는 게 별로 없다고 하지만 벌어 보면 안다. 얼마나 큰돈인지.

첫 번째 1억을 모을 때는 아래와 같이 굉장히 절박한 심정으로 모았다.

1. 머리 자르는 비용을 아끼기 위해 셀프 커트를 했다.

셀프커트의 목적은 잘 자르는 것이 아니다. 망해도 머리는 다시 자라난다. 처음엔 비용이 아까워서 시작했던 건데 이제는 시간이 아깝게 느껴져서 계속 하고 있다.

2. 해마다 양말은 똑같은 색상으로 10켤레를 산다.

짝이 없거나 한쪽에 구멍이 나서 두 짝을 버리는 일이 없도록 검정색과 흰색의 중간인 회색 양말을 선택했다.

3. 여름 옷 루틴

여름 반팔은 인터넷 쇼핑몰에서 8천 원 - 1만 원 사이의 가격으로 5장 구매 후 입다가 목이 늘어나면 잠옷으로 입었고 바지는 슬랙스 3벌을 돌려 입었다.

4. 겨울 옷 루틴

2016년 구입한 롱패딩과 경량 패딩을 2025년 초겨울까지 입었다. 안에는 브랜드 후드티를 색깔별로 사서 5년간 입었다. 바지는 기모 슬랙스 3벌이 전부였다. 옷장 한칸에 봄, 여름, 가을, 겨울이 모두 들어가 있었다. 자연스럽게 옷 고르는 시간이 1분도 걸리지 않았다.

5. 택시는 절대 금지

택시를 타는 것은 큰 사치를 하는 느낌이라 걷거나 버스를 탔다. 만취를 해도 걷다 보면 술이 깨기 시작했다.

6. 화장품 구매

북앤 라이프 상품권을 저렴할 때 사 놨다가 올리브영 세일할 때 상품권과 쿠폰을 합해서 구매하였고 중간중간 필요한 게 생길 때는 가격 비교를 해서 최저가로 구매했다.

7. 앱테크를 생활화한다

앱테크로 스타벅스 기프티콘을 받으면 기프티스타를 이용해서 한 잔에 3,300원을 받고 팔았다. 매달 10잔 이상을 팔아서 33,000원 이상의 부수입이 생겼다. 실제로 자취하면서 한 번도 스타벅스에 가 본 적이 없었다.

8. 편의점 음식은 최대한 멀리한다

귀찮아도 집에서 밥을 해 먹을 수 있도록 항상 걸어서 마트에 가고 마감 세일을 이용했다. 더불어 주변 마트의 시세를 잘 기억해 놨다가 필요한 물건이 있을 때는 그 품목이 특히 저렴한 마트에 가서 구매한다.

9. 나만의 기준물가를 설정한다

나만의 기준 물가를 만들어서 그 가격보다 비싸면 사지 않고 그 가격에 맞춰서 물건을 산다.

예를 들면 내 머릿속에 일 리터짜리 우유는 항상 1,500원이고 계란은 한 판 3,800원이었다. 이 물가를 4년 동안 맞춰서 살았다. 없을 것 같지만 찾으면 있다.

10. 사람을 만나지 않는다

사람을 만나면 그 사람에게 집중해야 하는데 나가는 돈에 포커스가 맞춰져 있으니 그 만남이 전혀 즐겁지 않았다. 그래서 과감히 사람을 만나지 않았다. 내가 상대방에게 받은 것 보다 더 많은 것을 베풀 수 있을 때부터 사람을 만나기 시작했다. 혼자 있을 때 고독한 사람은 여럿이 있어도 고독한 법이다. 혼자 노는 법을 터득하고 정 할 일이 없으면 방 청소를 했다.

11. 신용카드는 되도록 쓰지 않는다

할부는 돈이 없는데 병원비가 많이 나왔을 때나 쓰는 것이다. 어차피 그 돈은 내가 다 갚아야 하는 나의 빚이다. 일시불로 결제하거나 체크카드를 사용한다.

12. 상품권으로 카드 실적 채우기

신용카드를 쓴다면 상품권이 실적에 포함되는 카드인지 확인한 후 현금화 가능한 상품권으로 채워서 수수료를 내고 현금화했다. 그렇게 한 이유는 전월 실적을 달성해야 핸드폰 요금에서 2만 원을 할인 받을 수 있었다.

13. 적금을 나눠서 든다

한번에 큰 금액을 넣으면 깨서 쓸 확률이 높기 때문에 50만 원 100

만 원 단위로 쪼개서 넣었다. 재테크를 하면서 가장 크게 느낀점이 있다. **'내가 나를 너무 모른다는 것'**이다.

14. 돈이 된다면 일단 부딪혀 본다

규모가 작은 직장의 장점은 어느정도 개인의 자율성을 인정해 주기도 한다는 것이다. 내가 다니고 있는 직장에서는 원래 다 같이 1인 1메뉴 배달을 시켜 먹었다. 그러다 내가 먼저 식대를 현금으로 받고 싶다고 건의를 해서 이것도 하나의 복지가 되었다.

이때 중요한 것은, 사람들이 나를 바라보는 눈빛이 이상하더라도, 거절당하더라도 일단 물어보는 것이다. 안 되면 말고 되면 좋고. 내가 행동하고 실행하지 않으면 남들은 절대로 알아주지 않는다. 절박한 만큼 돈이 보이는 법이다.

15. 증권사 이벤트를 적극 이용한다

증권사들은 신규 회원을 대상으로 꽤 쏠쏠한 이벤트를 자주 연다. 펀드나 채권 가입 시 제공되는 쿠폰도 많기 때문에, 주식을 하지 않더라도 이런 소소한 혜택에 참여하면 부수입을 만들 수 있다.

굳이 내가 직접 뒤지지 않아도, 이런 정보를 정리해 주는 특화 블로거들이 많기 때문에 알람 설정을 해 두면 놓치지 않고 챙길 수 있다.

16. 주인의식을 가지고 본업에 임한다

내 사업장도 아닌데 왜 주인의식을 가져야 하냐고 묻는 사람들이 있다. '받는 만큼 일하자.'가 모토인 친구들도 있다. 내가 '받는 만큼만 일하자.'는 마음으로 살았다면, 아마 지금 이만큼의 부업 수익도, 삶의 변화도 없었을 것이다.

기회는 생각보다 갑작스럽고, 언제나 태도 좋은 사람을 먼저 알아본다.

직장에서 책임을 회피하고 설렁설렁 일하는 사람이 자기 인생에는 얼마나 최선을 다하고 있을까? 그게 가능할까?
나는 내 인생의 '직원'이 아니라 '사장'이 되기로 했다.
사장이 되기 전부터, 나는 이미 사장처럼 살아왔다.

하루에 가장 많은 시간을 보내는 직장에서 최선을 다하는 것. 그 끝이 좋을지 나쁠지는 알 수 없다. 오히려 이용만 당하고 팽당하는 경우가 더 많다. 다만 확실한 것은 이것이 '내 인생에 도움이 되는 태도'라는 사실이다.

그렇게 생각해야 번아웃을 최소화하고 외부에서 오는 인정과 보상에서 자유로워질 수 있다. 마지막으로, 나의 주인의식을 진심으로 알아봐 주는 사장님을 만난다면 그것만으로도 복이다.

그런 복은 아무에게나 찾아오지 않는다.

4년 동안 철저하게 모은 끝에, 첫 번째 1억이 만들어졌다.

절약은 버거웠지만, 절실한 목표 앞에서는 버틸 힘이 되었다.

그리고 그 절약의 끝에서, 나는 '내가 어떤 사람인지'를 조금씩 알아가기 시작했다.

고정비는
정말 고정되어 있는 돈일까

사람들과의 대화에서 가끔 내 이야기가 나오면, 모든 사람이 좋게 보는 것은 아니었다. 표정이나 말투로 저항감을 드러내는 사람들도 있었다. 그저 나와 다르다는 것에 대한 불편함이랄까? 말하지 않아도 느낄 수 있었다.

'돈을 더 모을려면 무조건 일을 더 해야 할까?'

일을 더 하면 돈을 더 벌 수는 있겠지만, 그게 그대로 모인다고는 할 수 없다. 추가적인 일이 싫고 수입을 늘리고 싶다면, 일단 '고정비'부터 손보는 것이다. 고정비를 줄이기 위한 노력 그 자체가 귀찮게 느껴진다면 그냥 지금처럼 살면 된다. 그게 아니라면 지금보다 돈을 더 세이브하고 싶다면, 어디서부터 줄여볼 수 있을지 생각해 보자.

1. 우주의 기운을 모으듯 푼돈을 모은다

나는 6년 이상 앱테크를 해 왔다. 초반엔 거의 30원, 50원, 많아야 100원 정도의 수익이 전부였다. 처음엔 도대체 내가 뭘 하고 있는 건지 의문이 들 정도였고, 매일 10원, 20원씩 다 합해도 200원도 안 되는 돈. 남편은 그런 나를 보며 "이렇게 모아서 언제 돈 벌래?" 하고 비웃기도 했다.

하지만 나는 매일 10원, 20원이라도 모으며 이런 생각을 했다.

이건 단순히 돈을 모으는 행위가 아니라, **습관을 들이는 과정**이라고.

자꾸 모으려는 자세가 있어야, 큰돈도 모을 수 있다.

누구나 처음부터 큰돈을 갖고 시작하는 건 아니다.
작은 돈을 소중히 여기는 태도가 쌓여 큰 자산이 된다.
나는 **오타니가 쓰레기를 주우며 운을 모았듯,**
그렇게 푼돈을 모으며 내 삶의 방향을 바꿔 나갔다.

2. 자급제와 알뜰 통신사는 무적이다

고정비 중 가장 머리가 아픈 것은 **통신요금**이다. 복잡하고 귀찮아서 대충 넘어가는 경우가 많지만, 한 번만 제대로 세팅해 놓으면 고정비 절감 효과가 확실하다.

나는 자급제 휴대폰을 구입하고 알뜰폰 요금제을 쓰고 있다. 요금제는 월 22,000원짜리를 쓰고, 카드 제휴 할인으로 20,000원을 절약하고 있다. 5년간 한 달 요금이 2,000원을 넘은 적이 없다. 300원이 나온 적도 있었다. 남편과 통신사를 결합했더니 데이터까지 거의 무제한이다. 핸드폰요금, 인터넷, TV까지 모두 통신사를 묶고 카드를 결합하면 더 큰 절약이 가능하다. 이 '세 가지'를 손보는 것이 고정비를 줄이는 핵심 포인트이다.

3. K-PASS, 진짜 환급이 된다

대중교통을 많이 타는 사람이라면 무조건 챙겨야 할 꿀제도다.

K-PASS는 일정 금액 이상 대중교통을 이용하면, 사용 금액의 10~30%를 환급해 주는 제도다.

국토교통부에서 운영하고 있고, 별도의 복잡한 절차 없이 **등록만 하면 자동 환급**이 된다.

주로 버스와 지하철을 이용하는 사람들에게 효과적이다.

예를 들어, 나는 지난달 버스를 34회 이용했고 14,940원을 환급받았다.

이번 달엔 22회 이용 후 9,600원을 환급받았다.

교통비 약 5만 원 중, 무려 30%가 환급된 셈이다.

절약은 거창하지 않다. 알아보는 사람이 이긴다.

햅삐의 꿀팁

나는 **버스만 타도 충분히 환급**이 가능했다.

출퇴근만 꾸준히 해도 **한 달에 1~2만 원은 그냥 생긴다.**

K-PASS는 직장인, 학생, 알바생 모두 등록 가능하다.

지하철·버스만 이용한다면 **지역 상관 없이 전국 환급 적용!**

월초에 등록해도 **당월부터 소급 적용**된다.

그러니 "이달은 글렀네…." 생각하지 말고 **지금 당장 신청**하는 게 이득이다.

4. 신용카드 신규 이벤트는 '생활비를 만드는 기술'

'돈 모으는데 신용카드를 쓰라고?'

처음엔 나도 이상하게 들렸다. 무슨 뜬구름 잡는 소리지 싶었다.

하지만 지금 쓰는 카드사의 카드를 무조건 써야 할 이유가 없다면, 타사의 카드 발급 신규 이벤트를 **'생활비 캐시백'처럼 생각해 활용해 보자.**

요즘엔 카드 한 장만 만들어도 1만 원~10만 원 가까이 주는 이벤트가 수두룩하다.

물론 조건은 있다. **전월 실적 30만 원, 일정 기간 내 3회 사용, 자동 이체 등록** 같은 조건이 붙는다.

하지만 어차피 내가 매달 쓰는 **식비, 교통비, 통신비**로 조건을 맞추면 실사용만으로도 꽤 큰 혜택을 받을 수 있다.

* 반드시 명심할 것!
  - 조건은 꼭 꼼꼼히 확인할 것
  - 발급 후엔 필요 이상으로 소비를 유도당하지 않도록 주의할 것
  - 이벤트만 챙기고 단기간 후 해지해도 되는 카드인지 확인할 것

** 이벤트 참여를 위해 필수로 수신동의를 해야 하는 항목들(SMS, E-mail, 앱 알림 등)이 있는데, 많은 사람들이 **이 중 한 개만 체크하고 나머지를 빼먹어서 캐시백을 못 받는 경우가 많다.**
반드시 모든 항목에 체크했는지 확인하자. 이건 진짜 복권 놓치는 수준이다.

신용카드는 '절약'보다 '유혹'이 가까운 물건이기 때문에, 이 혜택을 제대로 먹고 빠질 수 있는 사람만이 방법을 활용하자. 괜히 카드사만 좋은 일 시키지 말자. 남의 돈 벌기가, 이렇게 어렵다.

버는 건 기술,
모으는 건 습관

수입이 늘어나도 부수입보다 더 중요한 건, '쓸데없는 지출을 줄이는 것'이라는 걸 결혼 후 실감하게 되었다.

아파트에 살면서 가장 신경 쓴 지출 항목은 '관리비'였다.
조금 이상하게 들릴 수도 있겠지만, 우리는 관리비 예산을 정해놓고 그 안에서만 쓰며 살았다.

평균 22만 원을 지키기로 정해 놓은 것이다. 아파트 관리비 자체가 비싼 편이라 빈집이 16만 원 정도 나왔는데 우리 집은 사시사철 21만 원 정도 나왔으니 정말 적게 나온 것이다. 관리비의 핵심은 전기, 냉방, 난방, 급탕 이 4가지이다.

1. 난방, 냉방은 최소화한다

진짜로, 우리 집은 3년간 난방을 단 한 번도 틀지 않았다.

오죽하면 관리사무소에서 우리 집 보일러가 고장 난 줄 알고 방문한 적도 있었다. 바닥에 발을 딛자마자 바닥의 냉기에 화들짝 놀랄 정도로 우리 집은 난방을 하지 않았다. 대신 가을부터 거실 창문과 찬 기운이 들어올 수 있는 모든 창문에 뽁뽁이를 붙였고 창문 틈새로 찬바람이 들어오지 않도록 틈새막이를 사서 곳곳에 끼워 넣었다.

하루에 한 번 환기할 구멍까지 막으면 문이 열리지 않기 때문에 그 부분만 조심한다면 겨울철 관리비 아끼기에는 최고의 방법이다. 침대에는 온수매트를 깔고 뜨겁지 않게 24도의 온도로 이용했다.

여름에는 아침에 드라이기 열기로 땀이 나서, 그때만 잠깐 냉방을 틀었다. 밤에는 냉감매트와 냉감이불을 덮고 여름을 버텼다.

에어컨 대신 제습기와 선풍기를 함께 쓰면 전기요금을 크게 줄이면서도 체감 온도를 확 낮출 수 있다.

정말 더워서 잠을 못 자겠을 때만 벽걸이 에어컨을 송풍 모드로 켰다.

우리 집 스탠드형 에어컨은 4년 동안 10번도 안 켜진, 말 그대로 관상용이었다.

관리비는 '정해진 고정지출'이 아니라, 조금만 신경 쓰면 확실히 줄일 수 있는 '사라지는 돈'이다.

신혼이거나 아이가 없을 때는 무조건 관리비에서 아껴야 한다. 한 달에 30만 원 40만 원 관리비를 내면서 '이건 어쩔 수 없으니까.' 하는 사람들이 태반이다. 나는 무조건 내야 하는 건 없다고 생각한다. 그런 생각을 바꾸는 순간부터 한푼 두푼 계좌에 돈이 모이는게 보일 거라 확신한다.

2. 돈이 있을 때 참아야 돈이 모인다

자취할 땐 돈이 없으니 절약하고 아껴 쓰는 게 오히려 쉬웠다.

그런데 집을 사고, 사는 동네가 바뀌고, 수입이 늘어나자 '이 정도는 사도 되지 않을까?'라는 마음이 슬그머니 고개를 들었다. 이런 생각이 한 번 스며들면 소비 욕구가 폭주하기 시작한다. 이젠 악착같이 참는 게 아니라, **내 소비 욕구를 다루는 노하우**가 필요했다.

예를 들면, 남편과 나는 아파트로 이사를 오면서 처음으로 식탁을 샀다. 식탁은 화이트 세라믹 식탁이었다. 식탁 위에 꽃을 꽂아 놓으면 너무 예쁘겠다는 생각이 들었다. 일단 꽃병을 사야겠다는 생각으로 검색했는데 내 눈에 딱 들어온 꽃병이 있었다. 가격은 32만 원이었다. 32만 원짜리 꽃병을 산다는 것은 있을 수도 없는 일이었다. 나를 말려 주십사 친정엄마에게 얘기하고 남편에게 얘기했는데 오히려 '네가 그렇게 사고 싶으면 사.'라는 말만 돌아왔다. 그 꽃병을 잊기로 했지만 잊히지 않았다. 일주일, 한 달, 두 달이 지나도 꽃병이 눈앞에서 아른거렸다. 하지만 나는 일주일 만에 그 꽃병을 포기했다. 그것도 아주 깨끗이.

방법은 간단했다.

먼저 다이소에서 천 원짜리 꽃병을 샀다. 꽃 몇 송이를 사서 꽂았다. 그리고 스스로에게 말했다. "딱 한 달간만 이 꽃병과 꽃을 잘 유지하면 32만 원짜리 꽃병을 사자."

결과는?

일주일도 채 지나지 않아 다이소 꽃병은 다용도실로 직행. 꽃을 관리할 성격이 못 된다는 걸 인정 할 수밖에 없었다.

내가 찾은 방법은 이렇다.

사고 싶은데 너무 비싸다면, 비슷하지만 저렴한 걸 먼저 사서 써 보는 것. 진짜 사고 싶은 물건의 용도와 비슷한 것을 한 달 이상 써 보며 테스트한다. 그 과정에서 '이건 나와 안 맞다'는 걸 깨닫기도 하고, '역시 꼭 필요한 물건이구나'라는 확신을 얻기도 한다.

이런 걸 한 번이라도 성공해 보면, 비싼 물건도 더 오래, 더 애착

있게 쓸 수 있다.

하지만 대부분은… 굳이 비싼 걸 살 필요가 없다는 걸 깨닫게 된다.

3. 모으는 사람들 틈에 껴라

직장에서는 누가 뭘 샀는지, 뭘 입었는지, 어떤 걸 들고 왔는지에 대한 이야기가 끊이지 않는다. 내가 묻지 않아도 자연스럽게 귀에 들어온다. 듣다 보면 나도 하나쯤은 있어야 할 것 같고, 보다 보면 예뻐 보이고, 사고 싶어지고, 결국 사게 된다.

직장은 대체로 돈을 '쓰는' 사람들의 이야기로 가득한 공간이다.

그래서 더욱더, **'모으는 사람들' 틈에 스스로를 끼워 넣어야 한다.**

블로그에는 앱테크, 캐시백, 적금, 포인트 등
생활 속 돈 모으기만 전문적으로 소개하는 이들이 많다.
그런 사람들을 이웃 추가해두고 알림 설정까지 해 놓자.
실시간으로 좋은 정보를 받을 수 있을 뿐만 아니라,
돈을 쓰고 싶을 때마다 그들의 글을 읽으며 마음을 다잡는 데 큰 도움이 된다. 경제나 재테크 블로거들도 마찬가지다.

옆자리 직원이 새 가방을 샀다는 이야기에 혹할 때,
그들의 글은 나에게 좋은 '방향 감각'을 되찾아준다.

사람은 결국 환경의 영향을 받는다. 어떤 이야기, 어떤 사람들과 함께 하느냐에 따라 내 소비 습관이 달라진다.

그리고,
당신도 누군가에게 '모으는 사람'이 될 수 있다.

두 번째 1억

집을 사고 나니 통장은 다시 깨진 장독대가 되었다. 예/적금과 부업, 앱테크로 1억이 넘는 돈을 모았고 결국 내 이름으로 된 집이 생겼지만, 기쁨보다 먼저 나를 찾아온 건 빈 잔고와 다시 시작해야 한다는 현실이었다. 하지만 나에겐 근거 없는 자신감이 있었다. '이것은 끝이 아니라, 다음 돈을 부르는 시작'이라는 걸 한 번 모아봤기에 확실히 알게 된 것이다.

그리고 믿었다.

"한 번 해 봤으니 두 번째는 더 빠르게 갈 수 있다."

1억을 모으는 방법, 달라졌다.

첫 번째 1억은 절박함으로 모았고,

두 번째 1억은 전략적으로 모으기로 했다.

무작정 아끼는 것이 아니라,

수입은 꾸준히 늘리고, 지출은 철저히 관리하며, 남는 돈은 굴리는 방식이었다.

2023년 기준, 수입과 지출의 정리

월 수입 (최소 기준)

1. 본업 급여: 세후 300만 원
2. 인센티브: 최소 10만 원
3. 식대 지원: 17만 원
4. 청소 부업: 45만 원
5. 여름철 부업 (에어컨 청소, 4개월): 월 80~100만 원
6. 앱테크 수입: 월 평균 10만 원

☞ 총합: 월 평균 최소 410만 원

월 지출 (고정비)

- 대출 원리금 (체증식): 평균 75만 원
- 보험·통신·관리비·식비 등: 35만 원
- 보험: 7만 원

- 핸드폰비: 1,000원(!)
- 인터넷: 1.2만 원
- 관리비: 21만 원
- 식비 주: 7만 원
- 생활비 & 용돈: 15만 원
☞ 총 고정 지출: 약 125만 원

월 저축 & 투자 (실제 실행)

- 적금:
    - 180만 원 6% 18개월
    - 40만 원 6% 3년
    - 토스 적금 20만 원
- 예금: 적금 만기 후 즉시 예금 이체
- 투자:
    - 국내 반도체 주식
    - 해외 ETF
    - 월 30만 원
☞ 월 평균 240~260만 원 저축 & 투자
☞ 결국, 3년 4개월 만에 1억 달성!
   (첫 번째보다 6개월 더 빠르게)

"악착같이 안 해도, 전략적으로 하면 된다"

소득이 다소 늘긴 했지만,
그렇다고 첫 번째처럼 지독하게 아끼며 살지는 않았다.

다만, 무조건 흘러가게 두지 않고 흐름을 설계했을 뿐.
이제는 나도 안다. 한 번 모은 사람은 다시 모을 수 있다.
그리고, 두 번째는 더 빨라진다.

기록이 곧 돈이다

나는 모든 것을 기록한다.

2019년부터 2024년 초까지, 모든 것을 달력에 적었다.

기록을 시작한 첫 해에는 페이백 이벤트만으로 15만 원 넘게 환급받았다. 이전 같으면 놓쳤을 돈이었다.

요즘은 수기로 적는 것보다 스마트폰 캘린더, 할일 앱, 금융 앱 등을 활용하면 알림도 받아볼 수 있어 더 유용하다.

쿠폰 기간 만료, 기프티콘 유효기간, 이자가 나가는 날, 이자를 받는 날, 이벤트 기프티콘 받는 날, 카드 이벤트 페이백 일정, 적금 납입일, 만기일, 재산세 납부일, 앱테크 출석 체크 목록, 금리 변동까지. 수입이든 지출이든, 혜택이든 놓치지 않으려 하나하나 적었다.

1. 처음 시작할 사람을 위한 팁

꼭 복잡하게 시작하지 않아도 된다. 나는 처음엔 네 가지만 적었다.

① 적금 납입일
② 만기일
③ 이벤트 수익일
④ 앱테크 출석 날짜

습관이 붙으니 자연스럽게 더 기록하게 됐다.

2. 기록하는 습관이 돈을 넘어서 주는 선물

기록은 돈만 남기지 않았다. 내가 어떤 사람인지, 어떤 소비를 반복하는지를 알게 해줬다.

과거의 내가 지금의 나를 도와주는 습관이 된 것이다.

앱테크에서 블로그까지,
돈의 흐름을 바꾸다

나도 한때는 앱테크에 진심이었다. 하루도 빠짐없이, 눈 뜨자마자 10개가 넘는 앱을 돌리며 하루하루 푼돈을 모았다. 스쿼트로 100원씩 쌓이는 앱테크를 할 때에는 길거리에서도 스쿼트를 했을 정도니까 말이다. 돈을 모으는 습관을 들이고, 작지만 의미 있는 성취를 느끼기에는 꽤 괜찮은 방법이었다.

그런데 지금은 앱테크를 거의 하지 않는다. 그 시간을 블로그에 쏟기로 마음먹은 후, 삶이 조금 달라졌다. 처음엔 단순히 나의 부업일지를 기록하고, 일상의 단상들을 적어 내려갔다. 그러자 글을 좋아해 주는 독자들이 하나둘 생기기 시작했고, 애드포스트라는 광고 수익도 생겼다.

하루에 1원, 2원씩 쌓이던 수익은 어느새 하루 100원, 200원이 되더니, 지금은 평균 500원에서 600원 정도로 꾸준히 들어온다. 앱테크보다 훨씬 덜 피곤하고, 나를 닮은 수익이었다.

돈이 목적이었지만, 좋아하는 일을 하며 돈을 벌게 되었고, 그것은 앱테크가 주지 못했던 만족감을 안겨 주었다. 어쩌면 나에게 앱테크는, '글 쓰는 삶'을 찾기 위한 징검다리였는지도 모른다.

체험단,
부수입일까 아닐까?

 2023년 봄부터 블로그 지수가 조금씩 상승했다. 가을 겨울엔 크게 들어오는 부수입이 없었기에, 식비라도 아껴 보려는 마음으로 체험단 활동을 시작했다. 그동안 꾸준히 글을 써 온 덕분에 신청한 대부분의 식당은 선정되었고, 신청 기준도 나름대로 정해 두었다. 집에서 반경 5km 이내의 식당만 신청.
 그 이상 거리는 기름값과 시간 대비 효율을 따져보니 오히려 손해였다.

 체험단을 두고 부수입으로 볼 수 있느냐는 의견이 분분하다. 나는 체험단을 부수입으로 보지 않는다. 부수입은 말 그대로 '돈'이 들어와야 한다. 체험단은 대부분 제품이나 서비스를 무상 제공받는 형태

이지, 현금 수입은 아니다.

 물론 데이트 비용이나 외식비를 아끼기 위해 체험단을 활용하는 건 좋은 방법일 수 있다. 하지만 정작 돈을 벌거나 자기 계발에 집중해야 할 시기에 체험단에 많은 시간을 쏟는 건 손해다. 맛있는 음식을 공짜로 먹는 것 같지만, 예약하고, 시간 맞추고, 이동하고, 사진 찍고, 리뷰 쓰는 모든 과정이 의외로 번거롭고 신경 쓸 일이 많다.

 또한 체험단 활동은 주로 먹는 콘텐츠가 많아 운동을 병행하지 않으면 살이 찌기 쉽다. 그리고 그 살을 다시 빼려면 또 다른 노력과 시간이 필요하다.
 결론적으로, 체험단은 부수입이 아니라 '취미이자 소비 방식의 전환'일 뿐이다.
 현금을 벌기보다는, 생활비의 일부를 대신하는 성격에 가깝다.
 그리고 언젠가는 체험단을 넘어서 내 콘텐츠로 수익을 만들어야 할 날이 온다.

버티는 것도 능력이다

2025년 현재 본업과 부업을 병행한 지 벌써 7년이 지났다. 해가 갈수록 남들에게 숨기고 싶은 것들은 늘어갔다.

그중 하나는, 나는 아플 때 아프다고, 피곤할 때 피곤하다고 말하지 않는다.

한번은 그런 적이 있었다. 25살에 병원 일을 시작하고 나서부터 허리가 자주 아팠다. 그날도 늘 그랬듯 허리가 끊어질 듯이 아픈 날이었다.

사람들은 내가 허리를 굽히지도 펴지도 못하는 것을 보며 '어디 아파요?' 물었다. 나는 그냥 원래 허리가 자주 아프다고만 했다. 그러자 돌아온 말은, '선생님, 일 너무 많이 해서 그래요.', '좀 쉬면서 살아요.', '어제 또 부업했죠?'와 같은 말들뿐이었다.

그건 마치 배가 아프다 했더니 스마트폰 많이 해서 그렇다는 '엄마의 말' 같았다. 사람들은 내가 치질에 걸려도 부업 때문이라고 할 것 같았다. 부업 때문이 아니더라도 원래 병원 일을 오래 하다 보면 어디 한 군데 멀쩡한 데가 없다. 허리, 다리, 목, 어깨. 안 아픈 게 이상할 정도다. 어찌 보면 직업병이고, 어찌 보면 그냥 세월 탓이다.

나는 아파도 말하지 않는다. 주말에 일하고 평일에도 일하고 집에 와서는 도시락 반찬을 만들고 다음 날엔 또 일찍 병원 청소를 하러 나가도 '피곤해.'라고 말하지 않는다. '피곤하다'는 말을 입 밖에 내는 순간, 진짜 피곤해지기 때문이다. 이 단순한 사실을 깨닫는 데는 꽤 오랜 시간이 걸렸다.

아무에게도 내 고통을 알리지 않기로 한 건 단지 잔소리가 듣기 싫어서가 아니다. 내 삶을 지키기 위해서였다. 누군가는 아프다고 말하며 위로받기를 바라지만, 나는 그 시간에 꾹 참고 일어나기로 했다. 정 힘들 때는 코인 노래방에 가서 스트레스를 풀거나 잔고에 있는 돈을 보면서 미래를 생각했다.

피곤하다고 주저앉으면, 거기까지가 끝이다. 하지만 오늘 하루를 견디고 내일도 하고 모레도 또 하다 보면 마침내 정신적, 육체적 체력이 생긴다.

'정신적 체력?'

그건 남들이 뭐라고 하든 간에 그냥 철판 깔고 버티다 보면 어느새 단단해진 나를 만날 수 있다. 처음엔 힘들게 '왜' 하냐고 물었던 사람들이 이젠 '어떻게' 했냐고 묻는다. 나를보며 너무 악착같이 산다며 혀를 끌끌 차던 사람들도 어느새 본인도 부업을 해 볼까 조심스레 고민을 털어놓는다.

결국, 버티는 것도 능력이다.
그 누구도 쉽게 가르쳐줄 수 없는,
살면서 가장 단단히 배워야 할 능력 말이다.

월급은 미래의 나에게
보내는 돈

이제는 월급 외에 수입이 없다는 사실은 상상조차 할 수 없다. 부업을 하면서 컨테이너부터 대저택까지 다양한 집을 드나들며 하나 확신하게 되었다. 돈을 벌 수 있는 시기는 정해져 있다는 것. 지금이 바로 그때라는 확신. 지금 본업으로 버는 월급은 오롯이 '미래의 나'를 위해 쓰여야 한다. 현재의 생활비는, 부업으로 벌어서 써야 한다. 벌어 둔 돈을 쓰기 시작한다면 그건 나의 노후를 조금씩 갉아먹는 것이다. 공감능력으로 말이 많은 요즘 세상. 남에게 공감하려 하기 전에 미래의 나 자신에게 공감하는 법부터 배워야 한다. 무엇보다도 세상에서 가장 소중한 것은 나 자신이니까.

불법이 아니라면 어떤 일이든 괜찮다. 월급 이외의 수입을 위해 고민하거나 실행에 옮겨보려는 사람이 있다면 그 사람은 이미 반은 성공한 것이다. 찾고자 하는 사람 앞에는 반드시 맞는 일이 나타난다.

삶에 정답은 없다.
누구든, 각자의 방식으로 살아가면 된다.

그리고 그 과정은 단지 돈을 버는 시간이 아니라,
내가 나를 더 깊이 알아가는 시간이 된다.
한 번 사는 인생이다.
적어도 나 자신만큼은 충분히 알고 떠나는 삶이면,
그건 꽤 괜찮은 인생이 아닐까.

에필로그

사람에게서 도망치던 나에게,
이제는 사람 때문에 울컥하는 날들이 찾아왔다.
처음엔 그랬다.
사람이 무서워 피했고, 돈이 필요해서 시작했다.
그냥 살아보려고, 그것뿐이었다.
부끄럽지 않다고 말하면서도 사실은 나를 아는 누군가에게 들킬까 늘 조심스러웠다.

그런데 어느 순간,
아무 대가 없이 진심으로 응원해 주는 사람들이 생겼다.
"정말 열심히 사네요."
그 말 한마디가 등을 토닥이는 듯 마음에 닿았다.
부업은 나에게 경제적인 안정감을 주었고,
조용히 써 내려간 이 기록들은 어느새 사랑이 되어 돌아왔다.
이 일지가 누군가의 마음에 아주 작게라도 위로가 되기를 바란다.

'서툴러도 괜찮아. 나도 그랬으니까.'
그 마음이 닿을 수 있다면,
그것만으로 이 책은 충분히 제 역할을 다한 것이다.

하루하루를 살아내는 당신,
그 마음속에 단 하루라도 내가 머물 수 있다면
나는 그것으로 족하다.
부디,
이 작은 일지가 당신에게 닿기를.